XINGCHE ZUZHI SHIXUN

U0750112

行车组织实训

俞菊红　茅小海　李孟澜　主编

浙江工商大学出版社
ZHEJIANG GONGSHANG UNIVERSITY PRESS

·杭州·

图书在版编目(CIP)数据

行车组织实训 / 俞菊红,茅小海,李孟澜主编. —杭州:浙江工商大学出版社,2020.5

ISBN 978-7-5178-3735-0

Ⅰ.①行… Ⅱ.①俞… ②茅… ③李… Ⅲ.①城市铁路—行车组织—中等专业学校—教材 Ⅳ.①U239.5

中国版本图书馆 CIP 数据核字(2020)第027323号

行车组织实训

XINGCHE ZUZHI SHIXUN

俞菊红　茅小海　李孟澜 主编

责任编辑	厉　勇	
封面设计	雪　青	
责任印制	包建辉	
出版发行	浙江工商大学出版社	
	（杭州市教工路198号　邮政编码310012）	
	（E-mail:zjgsupress@163.com）	
	（网址:http://www.zjgsupress.com）	
	电话:0571-81902043,89991806(传真)	
排　　版	杭州朝曦图文设计有限公司	
印　　刷	浙江全能工艺美术印刷有限公司	
开　　本	787mm×1092mm　1/16	
印　　张	9	
字　　数	175千	
版印次	2020年5月第1版　2020年5月第1次印刷	
书　　号	ISBN 978-7-5178-3735-0	
定　　价	26.00元	

前　言

行车组织是城市轨道交通运营组织最核心的组成部分，是综合运用各种运输技术设备，组织协调客运活动的技术业务。它采用先进的行车方式和组织方法，使城市轨道交通内部各专业部门或单位密切联合协作，以建立正常稳定的运输秩序，充分发挥各种运输技术设备的效能，确保安全、正点、优质、高效地完成乘客运输任务。

虽然目前已有很多职业院校开设了城市轨道交通相关专业，但仍缺乏与专业岗位职业能力相适应的理论与实训一体化教材，为此，我们结合绍兴地铁与绍兴市中等专业学校专业实训室的建设情况编写了此书，以满足城市轨道交通人才的培养需求。

本书以培养高素质高技能人才为目标，以促进就业为导向，按照立德树人的要求，突出核心素养、必备品格和关键能力培养，高度融合城市轨道交通行车组织技术的职业技能学习和职业精神培养。

本书依据《城市轨道交通运营管理专业人才培养方案》的人才培养目标、综合素质目标和职业能力目标，从知识与技能、过程与方法、情感态度与价值观三个维度，围绕城市轨道交通客运服务及车站站务员职业资格与岗位要求，结合学生职业生涯发展等需要，确定教学目标。

本书依据城市轨道交通运营管理专业岗位职业能力要求，以及城市轨道交通车站值班员、行车值班员等岗位核心职业能力要求，对接城市轨道交通职业标准，确定教学内容。

依据典型工作任务必须来源于企业实践环节，通过企业调研，不断筛选、提炼与总结，并经过一系列教学化处理，设计了一批既能满足企业需要又符合一体化教学要求的典型工作任务，同时整合相关的理论知识和基础技能。

本书项目一、二由俞菊红老师编写，项目三、四由茅小海老师编写，项目五由李孟澜老师编写，项目六由刘国琪老师编写，项目七由杭建卫老师编写，项目八由李钢老师编写，项目九由徐意老师编写。

本书在编写过程中得到了绍兴城市轨道交通人才共育联盟的专家指导委员会的指导，在此表示由衷的感谢。

由于编者水平有限，书中难免存在疏漏和不足之处，恳请各位专家和广大读者批评指正。

编　者

2019年11月

目　录

项目一　运营前检查

▶ 项目描述

为确保每日运营线路服务质量和列车上线安全正点运行,城市轨道交通企业根据运营生产实际,需要对各专业设备设施管理情况和运营组织情况进行运营前检查,并签字确认。

▶ 学习目标

知识目标:

1. 了解绍兴及周边地区地铁线网布局规划。

2. 掌握车站控制室ATS界面的各项显示的含义。

3. 熟悉行车调度员、行车值班员、站务员等岗位运营前检查的基本任务。

能力目标:

1. 具备熟练进行线路运营前各岗位的检查操作的能力。

2. 具备熟练进行车站运营前各岗位的检查操作的能力。

3. 具备熟练进行行车值班员上岗确认ATS系统工作站状态操作的能力。

素质目标:

1. 通过团队合作,进行滚轮式的岗位实践操作后,养成合作意识,提升团队精神。

2. 通过岗位情景模拟,树立安全意识,养成一丝不苟、认真负责的工作态度,培养规范操作的工匠精神。

3. 通过岗位模拟操作,从语言、形象和行动等各个方面养成符合城市轨道交通运营管理人员礼仪要求的职业素养。

任务1 线路运营前检查

任务场景

利用多媒体了解某一个城市的地铁线路网布局,了解每一天线路运营前的检查内容。

任务要求

掌握城市轨道交通企业对线路运营前的检查内容。

知识储备

城市轨道交通企业应加强运营前检查工作,确保运营安全。

(1)行调:根据"×号线行调运营前重点检查项目确认表"(见表1-1)进行逐项检查确认。

(2)电调:根据"×号线电调运营前重点检查项目确认表"(见表1-2)进行逐项检查确认。

(3)环调:根据"×号线环调运营前重点检查项目确认表"(见表1-3)进行逐项检查确认。

(4)信调:根据"×号线信调运营前重点检查项目确认表"(见表1-4)进行逐项检查确认。

如果无特殊情况,各岗位需在规定时间内完成检查确认。

(1)行调和电调应于本线运行图规定的最早出厂列车出厂前10分钟完成上述检查确认工作,交主任调度员确认。

(2)环调和信调应于运营前半小时完成上述检查确认工作,交主任调度员确认。

(3)主任调度员应对各工种调度员提交的确认表及时进行确认。

任务实施

指导教师简要说明任务的要求后,学生首先分组,并分配组内各成员的角色。各角色应进行轮换,以保证每个学生都能体验不同岗位的工作过程。选举产生的组长按指导教师要求向组内各成员分配任务,并分头行动,按预定目标完成实战演练工作。工作流程如下。

(1)教师简要说明运营前检查的要求。

(2)分组、分配角色,完成表1-1至表1-4中所要求的各项检查确认任务。

(3)全组成员集中,将检查情况按要求进行整理、学习,并制作实训报告以汇报学习成果,要求在汇报中指出本组的闪光点以及存在的问题。

（4）选派代表（组内成员轮流）汇报本组工作完成情况。

（5）小组点评。

（6）教师集中点评，并归纳相关知识点。

表 1-1　____号线行调运营前重点检查项目确认表

类　别	检查项目	检查标准	确认情况
施工作业	施工核销点	查阅《施工作业登记簿》中"检查当日凌晨所有人工核销点施工计划已全部核销"。	
	正线接触网送电	检查正线电子和纸件"送电通知单"中正线接触网已送电，并与电调电话确认。	
信号系统	C-LOW 工作站	检查 C-LOW 工作站报警信息已全部确认，无新增报警信息。	
		检查 C-LOW 工作站音响正常开启，音量调节至当值人员正常监听范围。	
		检查 C-LOW 工作站轨道电路显示正常。	
	MMI 工作站	检查 MMI 系统框图中央 FEP、PCU 图标以及各联锁区所辖本地 FEP、RTU、PTI、DTI、LCP 图标无影响行车的异常显示。	
		检查 MMI 轨道图显示正常，正线遗留车次已全部删除。	
		检查 MMI 编表当日运行图号已正确装载，检查计划及实际"运行图"显示正常。	
	运营停车点	检查各站上、下行线运营停车点正常。	
	区段限速	重启联锁后，检查各限速区段已按要求设置限速。	
通信系统	无线调度电话	检查手持电台电量充足，通话测试良好。	
		检查行调无线调度台无施工作业遗留车次，通话良好。	
出车计划及进路功能测试	列车出厂计划	检查车厂发车计划单传真已接收并登记。	
	进路功能测试	按"____号线运营前检查行调人工排列进路确认表"测试功能正常。	
关键事项			

____号线行调已完成运营前重点检查项目确认，关键事项已汇报当值主任调度员。

签字：行调 1：　　　　　行调 2：　　　　　主任调度：

　　　　　　　　　　　　　　　　　　　年　　月　　日　　时　　分

备注：1. "确认情况"栏如不影响运营的打"√"，影响运营的打"×"，并在"关键事项"栏中填报。
　　　2. 如无关键事项则该栏打"\"，如有关键事项须具体填报。

表1-2 ____号线电调运营前重点检查项目确认表

类 别	检查项目	检查标准	确认情况
施工作业	停电作业消令	查阅《电力调度值班日志》中停电作业命令已全部消除作业命令。	
接触网系统	正线接触网送电	检查正线电子和纸件"送电通知单"中正线接触网已送电,并与行调电话确认。	
		进入每个正线车站变电所主接线图中,检查所有整流机组和直流开关已合闸,接触网已送电,带电显示正常。	
		检查正线接触网供电方式正常。	
	车厂接触网送电	检查车厂电子和纸件"送电通知单"中车辆段/停车场接触网已送电,并与厂调电话确认。	
		进入每个车辆段/停车场变电所主接线图中,检查所有整流机组和直流开关已合闸,接触网已送电,带电显示正常。	
变电系统	主变电所送电	进入每个主变电所主接线图中,检查110kV、35kV系统设备送电正常。	
		检查主所系统运行方式正常。	
	35kV变电所送电	进入每个35kV变电所主接线图中,检查35kV系统设备送电正常,检查动力变、整流变、400V系统送电正常。	
SCADA系统	设备监控权限	进入每个变电所检查控制权在"OCC"或"中心"。	
	设备监控状态	进入每个变电所主接线图,检查所有开关均在"远控"位置,设备位置及通信正常,设备运行参数正常。	
	实时报警	进入实时报警页面检查确认报警信息,检查施工结束后的施工报警信息全部恢复。	
	报警音响	报警音响正常开启,音量调节至当值人员正常监听范围。	
关键事项			

____号线电调已完成运营前重点检查项目确认,关键事项已汇报当值主任调度员。

签字:电调: 监护电调: 主任调度:

年 月 日 时 分

备注:1. "确认情况"栏如不影响运营的打"√",影响运营的打"×",并在"关键事项"栏中填报。

2. 如无关键事项则该栏打"\",如有关键事项须具体填报。

3. 如当班无监护电调时,监护电调签字栏打"\"。

表1-3　____号线环调运营前重点检查项目确认表

类　别	检查项目	检查标准	确认情况
隧道系统	隧道系统控制状态	进入全线隧道系统页面,检查系统状态条控制方式信息显示"停止",系统控制处在组控停止状态。	
	隧道风机状态	进入每站隧道系统图,检查所有隧道风机(TVF、U/O、JET、IMF)处在"停止"状态。	
	隧道活塞风阀状态	进入每站隧道系统图,检查所有活塞风阀处在"常开"状态。	
给排水系统	区间水泵水位状态	进入全线区间水泵页面,检查所有区间/主废积水坑水位无高水位红色显示。	
	区间水泵泵体状态	进入全线区间水泵页面,检查所有区间/主废水泵无故障显红状态。(已录故障联系单或前一日报的故障设备除外)	
	区间水泵控制状态	进入全线区间水泵页面,检查所有区间/主废水泵控制处于"LA"状态。(已录故障联系单或前一日报的故障设备除外)	
区间照明	区间工作照明和事故照明	进入各站照明页面,检查各个区间照明和事故照明处于"关闭"状态。(峒口工作照明和个别不能远程控制的区间/区间跟随所除外)	
冷水机组	冷水机组工作状态	进入全线冷水机组监控页面,检查所有冷水机组工作正常,每年4月检查每站至少有一台冷水机组处于正常开启状态。	
弱电综合UPS	车站综合UPS状态	进入每站综合UPS页面,检查车站综合UPS处于"市电逆变"工作状态。	
综合监控工作站	控制权限及操作源	进入每站监控页面,检查控制权在"OCC"、MCP/IBP盘在"远程"、FAS手/自动位在"自动"状态。	
	实时报警	进入实时报警页面,检查确认报警信息,对施工结束后新增的紧急报警信息和普通报警信息逐一检查确认。	
	报警音响	报警音响正常开启,音量调节至当值人员正常监听范围。	
关键事项			

____号线环调已完成运营前重点检查项目确认,关键事项已汇报当值主任调度员。

签字:环调:　　　　　　主任调度:

年　　　月　　　日　　　时　　　分

备注:1. "确认情况"栏如不影响运营的打"√",影响运营的打"×",并在"关键事项"栏中填报。
　　　2. 如无关键事项则该栏打"\",如有关键事项须具体填报。

5

表1-4 ____号线信调运营前重点检查项目确认表

类 别	检查项目	检查标准	确认情况
企信通	企信通功能	登录通正常,发送测试信息正常。	
MARS	网页版MARS功能	登录版正常,发送测试信息正常。	
PIS系统	____号线PIS功能	登录S,页面显示正常。	
气象预警系统	气象预警系统网页	检查气象预警系统网页,页面显示正常。	
通信系统	公用手机	检查公用手机电量充足,通信功能正常。	
关键事项			
____号线信调已完成运营前重点检查项目确认,关键事项已汇报当值主任调度员。			
签字:信调: 主任调度:			
		年 月 日 时 分	

备注:1. "确认情况"栏如不影响运营的打"√",影响运营的打"×",并在"关键事项"栏中填报。
    2. 如无则该栏打"\",如有关键事项须具体填报。

核心素养评价

学生核心素养评价主要是针对行车调度员、行车值班员、站务员三个岗位的评价,而且评价必须体现人文底蕴、科学精神、学习能力、健康生活、责任担当、实践创新等六大方面的核心素养。

1. 专业能力评价

本任务中学生专业能力评价主要通过人工评价方式进行。例如:行车调度员岗位评价标准如表1-5所示。

表1-5 行调评价标准

序 号	作业内容	配 分	评分标准	评分方式	扣 分
1	上岗前行调重点检查项目	检查施工作业情况	25	1. 未查阅《施工作业登记簿》,每处扣5分。2. 未检查正线电子和纸件"送电通知单",扣5分。3. 未与电调(站务员)电话确认,扣5分。4. 检查结束后未签字确认,扣10分。	人工评分	

序　号	作业内容	配　分	评分标准	评分方式	扣　分
1	上岗前行调重点检查项目	检查信号系统是否正常 40	1. 未检查报警信息确认情况的,扣5分/处。 2. 未检查工作站音响工作情况的,扣5分。 3. 查计轴区段显示情况的,扣10分。 4. 未检查工作站中各种图标显示状态的,扣10分/处。 5. 未检查各段限速设置的,扣10分/处。	人工评分	
		检查通信系统是否正常 15	1. 未检查手持电台电源的,扣5分/处。 2. 未对手持电台进行通话测试的,扣5分。 3. 未检查行调调度台的,扣5分。	人工评分	
		检查出车计划及进路功能测试是否正常 20	1. 未检查核对列车出车计划的,扣5分/处。 2. 未进行进路功能测试的,扣10分。	人工评分	

2. 职业能力评价

职业能力评价主要包含职业信念与职业行为习惯的评价,要培养良好的职业素养,职业能力评价是促进职业信念提升、职业行为习惯养成的一个重要手段。职业能力评价标准见本书附录1。

任务2　车站运营前检查

任务场景

利用多媒体了解绍兴地铁1号线沿线车站设置情况。

任务要求

掌握车站运营前行车值班员、值班站长、客运值班员等岗位的检查内容。

知识储备

在城市轨道交通各个车站运营前必须完成各项检查工作,行车值班员、值班站长、票务员等,在每天上岗前、交接班时均须确认自己所管辖、使用的设备状态,以及其他一些准备工作正常,同时须填写"车站运营前检查确认表"(见表1-6)。

(1)车站行车值班员运营前检查内容。

首班列车到达前30分钟,按规定试验道岔,通知值班站长试开关屏蔽门/安全门,检查站台和线路出清情况,并汇报行调。上/下行首班列车到站前10分钟安排人员到站台接发列车。

首班列车到达前30分钟,通过ISCS开启环控系统并检查运行情况。

站台岗首班载客列车到站前20分钟到站,首班载客列车到站前10分钟领齐备品到岗。

首班载客列车到站前15分钟打开照明,并开启AFC设备(除闸机外)。

首班载客列车到站前10分钟确认闸机开启。

(2)车站值班站长运营前检查内容。

上/下行首班列车到站时负责接发列车。

首班载客列车到站前30分钟巡视出入口。

首班载客列车到站前10分钟开启出入口闸门。

检查车站电扶梯的运行情况。

检查PIS显示屏工作状态。

(3)车站客运值班员(票务)运营前检查内容。

首班列车到站前30分钟领票。

首班列车到站前12分钟到岗。

任务实施

指导教师简要说明任务的要求后,学生首先分组,并分配组内各成员的角色。各角色应进行轮换,以保证每个学生都能体验不同岗位的工作过程。选举产生的组长按指导教师要求向组内各成员分配任务,并分头行动,按预定目标完成实战演练工作。工作流程如下。

(1)教师简要说明运营前检查的要求。

(2)分组、分配角色,完成表1-6中所要求的各项检查确认任务。

(3)全组成员集中,将检查情况按要求进行整理、学习,并制作实训报告以汇报学习成果,要求在汇报中指出本组的闪光点以及存在的问题。

(4)选派代表(组内成员轮流)汇报本组工作完成情况。

(5)小组点评。

(6)教师集中点评,并归纳相关知识点。

表1-6　车站运营前检查确认表

年　月　日		时刻表编号：		班组：				当前行调：		
站(厂)名	线路出清情况	ATS/联锁功能	站台、站线	接触网	低压供电	环控	道岔	屏蔽门	备品备件	汇报人工号/姓名	备注
镜湖中心站											
二环北路站											
火车站站											
城市广场站											
塔山站											
城南大道站											
凤凰路站											
玉山路站											
鉴湖镇站											

注:符合项打"√";不符合项打"×",并可在备注栏简要说明不符合的原因。

核心素养评价

学生核心素养评价主要是针对行车调度员、行车值班员、站务员三个岗位的评价,而且评价必须体现人文底蕴、科学精神、学习能力、健康生活、责任担当、实践创新等六大方面的核心素养。

1. 专业能力评价

本任务中学生专业能力评价主要通过人工评价方式进行。例如:站务员岗位评价标准如表1-7所示。

表1-7　站务员评价标准

作业内容		配分	评分标准	评分方式	扣分
站务员重点检查项目	电调运营前重点检查	30	1. 检查停电作业消令的,扣5分。 2. 检查接触网送电情况的,扣5分/处。 3. 与电话确认,扣5分/处。 4. 检查变电系统送电情况的,扣5分/处。 5. 检查SCADA系统工作情况的,扣5分/处。 6. 检查结束后未签字确认,扣5分。	人工评分	
	环调运营前重点检查	30	1. 检查隧道系统工作情况的,扣5分/处。 2. 检查给排水系统工作情况的,扣5分/处。 3. 检查区间照明工作情况的,扣5分/处。 4. 检查冷水机组工作状态的,扣5分/处。 5. 检查车站综合UPS工作状态的,扣5分/处。 6. 检查综合监控工作状态的,扣5分/处。	人工评分	
	信调运营前重点检查	25	1. 检查企信通工作状态的,扣5分。 2. 检查MARS功能的,扣5分。 3. 检查PIS系统的,扣5分。 4. 检查气象预警系统的,扣5分。 5. 检查公用手机通信情况的,扣5分。	人工评分	
	车站站务员(票务)运营前重点检查	15	1. 未及时领取票卡的,扣5分。 2. 未及时到达工作岗位的,扣5分。 3. 未及时检查相关设备的,扣5分。	人工评分	

2. 职业能力评价

职业能力评价主要包含职业信念与职业行为习惯的评价,要培养良好的职业素养,职业能力评价是促进职业信念提升、职业行为习惯养成的一个重要手段。职业能力评价标准见本书附录1。

任务3 车站值班员上岗确认ATS系统工作站状态

任务场景

本任务实训场景为行车值班员实训室,模拟车站综合控制室的工作场景。

任务要求

熟悉车站综合控制室的行车设备,掌握行车值班员岗位的上岗确认工作内容。

知识储备

1. 道岔(图1-1)

道岔是一种使机车车辆从一组轨道转入另一组轨道的线路连接设备,也是轨道的薄弱环节之一,通常在车站、编组站大量铺设。每一组道岔由转辙器(railroad switch)、岔心、两根护轨和岔枕组成,由长柄根据杠杆原理拨动两根活动轨道,使车辆轮缘依开通方向驶入预定进路。

道岔是实现轨道转换的重要设备,广泛存在于铁路线路上。现在,电液控制自动道岔已经取代落后的人工道岔。由于道岔区的接头数量多、曲线复杂,因此不仅养护维修投入大,而且往往是行车安全事故的高发地带。

道岔与曲线、接头并称为轨道的三大薄弱环节。它的基本形式有三种,即线路的连接、交叉以及连接与交叉的组合。常用的线路的连接有各种类型的单式道岔和复式道岔;交叉有垂直交叉和菱形交叉;连接与交叉的组合有交分道岔和交叉渡线等。

城市轨道交通中常用的道岔种类有单开道岔、三开道岔、交叉道岔、交分道岔和渡线道岔等。最常见的道岔是普通单开道岔。它由转辙器、连接部分、辙叉和护轨三个单元组成。转辙器包括基本轨、尖轨和转辙机械。当机车车辆要从A组轨道转入B组轨道时,操纵转辙机械使尖轨移动位置,尖轨1密贴基本轨1,尖轨2脱离基本轨2,这样就开通了B组轨道,关闭了A组轨道,机车车辆进入连接部分沿着导曲线轨过渡到辙叉和护轨单元。这个单元包括固定

图1-1 道岔

辙叉心、翼轨及护轨,作用是保护车轮安全通过两组轨道的交叉之处。

ATS是通过岔尖连到道岔的定位或反位状态来表示道岔的定位或反位位置。仿真软件中道岔的三种位置显示如表1-8所示,道岔图形的显示颜色表示的含义如表1-9所示,道岔名称的显示颜色表示的含义如表1-10所示。

表1-8 道岔的位置显示

| 道岔反位显示 | 道岔定位显示 | 道岔的四开状态显示 |

表1-9 道岔图形的显示颜色

显示颜色	含　义	例　图
稳定红色	道岔被 CBTC 报告占用。	
稳定紫色	道岔所在的计轴被报告占用。	
稳定蓝色	道岔未占用,道岔未锁闭、未单锁,属自动区。	
稳定绿色	道岔未被占用,道岔正常锁闭、未单锁。	
稳定白色	道岔未被占用,道岔故障锁闭。	
稳定棕色	道岔所在的计轴被ATC报告失效。	
闪烁	道岔所在的计轴被ATS切除,以当前颜色闪烁。	

表1-10 道岔名称的显示颜色

显示颜色	含 义	例 图
绿色	定位	P0106
黄色	反位	P0106 G4

2. 信号机

信号机是城市轨道交通的轨旁基础设备,城市轨道交通为满足大容量和小间隔的运输多采用列车自动控制(ATC)系统,以车载信号作为司机驾驶的命令信息。司机必须按照信号机的显示运行。

城市轨道交通的信号主要有:地面固定信号、车载信号、轨旁指示标志和手信号等。

地面固定信号:固定设置在规定位置的信号装置,采用色灯信号机指示列车的运行。

轨旁指示标志:在线路上提醒司机注意或者在施工时临时加入的部分需要注意的信息。

手信号:多在信号设备故障或者特殊的运营时段等情况下使用,手信号员必须手持信号旗或手提信号灯发出手信号。

仿真软件中信号机显示颜色所代表的含义如表1-11所示。

表1-11 仿真软件中信号机显示颜色所代表的含义

例 图	灯位1	灯位2	含 义
	稳定红色	暗	信号关闭,不准越过该信号机。
	稳定绿色	暗	进路已经排列并锁闭,前方区间空闲。
	稳定黄色	暗	进路已经排列并锁闭,前方区间空闲,有道岔锁反位。
	稳定红色	稳定黄色	引导已建立。

3. 计轴区段

计轴又称微机计轴,是装设在铁路两端车站上的设备,利用安装在钢轨上的闭环传感器监督列车车轮对经过数,经过设在室内的微机系统与门检测后将本站的轮对数利用半自动设备发送至对方站,列车到达对方站后,对方站收到的轮对数与发车站的相同时自动开通区间,如图1-2所示。计轴显示颜色所代表的含义如表1-12所示。

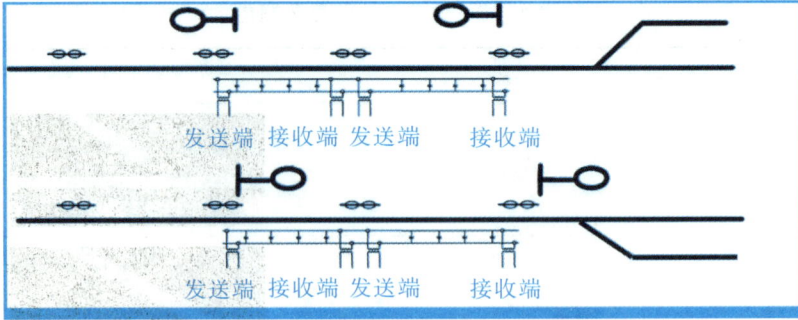

图1-2 计轴区段

表1-12 计轴显示颜色所代表的含义

显示颜色	含 义	例 图
稳定紫色	计轴处于占用状态。	
稳定绿色	计轴处于空闲状态,是一条锁闭进路的一部分。	
稳定白色	计轴处于出清状态,故障锁闭。	
稳定蓝色	计轴处于出清状态。	
稳定棕色	计轴被ATC报告失效。	
闪烁	计轴被ATS切除跟踪,以当前颜色闪烁。	

在自动区,对于长度比较长的计轴可以根据显示需要分割成多个虚拟小区段,在CBTC模式跟踪列车时,ATS可以根据来自ZC的列车位置报告信息分别显示每个虚拟小区段的占用和出清状态。

4. 列车车次框

在站场图的车次窗内显示列车识别号,车次窗所在的位置代表列车车头当前所在的位置,如图1-3所示。

图1-3　列车车次及含义

①服务号。

按列车出段/场顺序编号,系统对正线列车的辨认,在一天的服务中保持不变,回段后再出段,服务号将重新分配;服务号由3位数字组成,列车属性由服务号区别,服务号范围可配置。

②序列号。

按列车运行顺序及方向顺序编制,上行为偶数,下行为奇数,序列号由2位数字组成。

③目的地号。

代表目的地位置,目的地号由3位数字组成。

5. IBP盘

IBP盘又称综合后备盘,放置在地铁车站综合控制室内,IBP盘由IBP面板、PLC(BAS专业提供)、人机界面终端(其他专业提供并安装)、监控工作台构成。

车站值班操作员在车站设备服务器或者人机界面出现故障时,可通过IBP盘对本车站进行应急管理;在紧急情况下,可直接操作IBP盘上按钮、钥匙开关等,采用人工介入方式进行运行模式操作和某些设备的远程单动操作。

IBP盘上设置紧急控制按钮、状态指示灯等,对重要设备进行应急监控。其控制级别高于各系统操作站。

IBP盘上设置的专业模块有:消火栓泵、电扶梯、屏蔽门、门禁、AFC闸机、信号、隧道通风、环境与设备监控、IBP试灯按钮等。

任务实施

指导教师简要说明任务的要求后,学生首先分组,并分配组内各成员的角色。各角色应进行轮换,以保证每个学生都能体验不同岗位的工作过程。选举产生的组长按指导教师要求向组内各成员分配任务,并分头行动,按预定目标完成实战演练工作。工作流程如下。

(1)教师简要说明运营前检查的要求。

(2)分组、分配角色,并填写任务分工表(见表1-13)。根据实训场地的实际情况,一般运营前检查工作分为行调、行车值班员以及站务员三个角色。

表 1-13　任务分工表

组别:第　　组

序　号	姓　名	角　色	任务分工说明
1		行调(主要是负责OCC控制中心行车调度前的各项确认工作)	
2		行车值班员(主要负责车站运营前的各项检查内容并向行调汇报)	
3		站务员(除行调与行车值班员工作之外,其余所有工作岗位检查内容均由站务员完成,包含车站各工作岗位的检查内容——票务、环控、电调、信调等)	

(3)按分工要求,完成表1-1至表1-4中所要求的各项检查确认任务。

(4)全组成员集中,将检查情况按要求进行整理、学习,并制作实训报告以汇报学习成果,要求在汇报中指出本组的闪光点以及存在的问题。

(5)选派代表(组内成员轮流)汇报本组工作完成情况。

(6)小组点评。

(7)教师集中点评,并归纳相关知识点。

工作任务——行车值班员上岗确认ATS系统工作站状态。

在实训室中设置工作场景,控制台显示正常,列车按运行计划行车。具体操作步骤如表1-14所示。

表 1-14　车站值班员上岗确认ATS系统工作站状态工作表

步骤一:检查本地ATS工作站界面中轨道图各信号元素的显示(道岔、信号机、计轴区段)是否正常。 (1)班员手指:本地ATS工作站中的所有道岔、信号机、计轴区段。 (2)班员口呼:道岔、信号机、计轴状态全部正常。
步骤二:检查本地ATS工作站界面中列车运行状态的显示(列车识别号等)是否正常。 (1)班员手指:本地ATS工作站界面中每一个列车车次框。 (2)班员口呼:列车运行全部正常。
步骤三:检查本地ATS工作站界面中主要信号设备状态标识的显示是否正常。 (1)班员手指:本地ATS工作站设备状态栏图标。 (2)班员口呼:设备状态正常。
步骤四:检查IBP盘上的信号按钮及指示灯状态是否正常。 (1)班员手指:IBP盘各按钮及指示灯。 (2)班员口呼:IBP盘状态正常。

核心素养评价

学生核心素养评价主要是针对行车调度员、行车值班员、站务员三个岗位的评价，而且评价必须体现人文底蕴、科学精神、学习能力、健康生活、责任担当、实践创新等六大方面的核心素养。

1. 专业能力评价

该评价主要通过计算机评价与人工评价相结合的方式进行，具体的评价标准如表1-15所示。

表1-15　行值评价标准

序　号		作业内容	配　分	评分标准	评分方式	扣　分
1	上岗确认ATS系统工作站状态	检查本地ATS工作站界面中轨道图各信号元素的显示（道岔、信号机、计轴区段）是否正常。 （1）手指：本地ATS工作站中的所有道岔、信号机、计轴区段。 （2）口呼：道岔、信号机、计轴状态全部正常。	20	（1）手指扣分标准。 ①需要手指联锁区内每一个道岔、信号机及计轴区段，未手指或者手指位置不对的，每处扣1分。 ②配分10分，扣完为止。	人工评分	
				（2）未口呼或口呼错误，扣10分。	人工评分为主/计算机自动评分辅助	
		检查本地ATS工作站界面中列车运行状态的显示（列车识别号等）是否正常。 （1）手指：本地ATS工作站界面中每一个列车车次框。 （2）口呼：列车运行全部正常。	20	（1）手指扣分标准。 ①需要手指联锁区内每一个列车车次框，未手指或者手指位置不对的，每处扣3分。 ②配分10分，扣完为止。	人工评分	
				（2）未口呼相应列车运行状态或口呼错误，扣10分。	人工评分为主/计算机自动评分辅助	
		检查本地ATS工作站界面中主要信号设备状态标识的显示是否正常。 （1）手指：本地ATS工作站设备状态栏图标。 （2）口呼：设备状态正常。	20	（1）手指扣分标准。 ①需要手指联锁区内每一个主要信号设备状态标识，未手指或者手指位置不对的，每处扣3分。 ②配分10分，扣完为止。	人工评分	
				（2）未口呼相应设备状态栏状态或口呼错误，扣10分。	人工评分为主/计算机自动评分辅助	

序 号	作业内容	配 分	评分标准	评分方式	扣 分
1	上岗确认 ATS 系统工作站状态				
	检查 IBP 盘上的信号按钮及指示灯状态是否正常。 (1)手指:IBP 盘信号模块各按钮及指示灯。 (2)口呼:IBP 盘状态正常。	20	(1)手指扣分标准。 ①需要手指 IBP 盘上每一个信号按钮及指示灯,未手指或者手指位置不对的,每处扣3分。 ②配分15分,扣完为止。	人工评分	
			(2)未口呼相应设备状态栏状态或口呼错误,扣10分。	人工评分为主/计算机自动评分辅助	
	车站运营前各岗位确认表填写情况	20	(1)未与车站各岗位确认各车站设备运营情况的,扣5分/处	人工评分	
			(2)未进行签字确认的,扣5分。		
合计		100	/		

2. 职业能力评价

职业能力评价主要包含职业信念与职业行为习惯的评价,要培养良好的职业素养,职业能力评价是促进职业信念提升、职业行为习惯养成的一个重要手段。职业能力评价标准见本书附录1。

项目二　车站接收控制权

➤ 项目描述

在行车指挥自动化的控制方式下,由中央计算机通过ATC设备实现当日的列车运行图加载、列车进路自动排列及列车运行自动调整等功能,指挥列车安全运行,控制中心ATS可以集中反映正线列车的运行情况。行车调度员通过监控设备,能够准确掌握线路上的列车运行情况和分布情况、区间和站内线路的占用情况、联锁设备的工作情况等。在该控制方式下,列车占用区间的行车凭证为列车收到的速度码或移动授权,凭车载信号的指示动车或凭行车调度员的指令动车,列车运行的安全间隔由控制中心ATS负责。

控制中心ATS设备故障包括ATS自动功能故障及ATS监控功能故障。

当发生ATS自动功能故障时,行调人工排列进路及进行行车组织运营调整工作时,须重点关注全线的列车运行情况,以防止进路漏排、错排。

当发生ATS监控功能故障时,行调应及时将行车控制权下放至车站,由车站对正线(或该车站行车管辖范围内)的列车进行监控,特殊情况下还需要车站人工排列列车运行进路。

➤ 学习目标

知识目标:

1.了解轨道交通行车组织机构由城市轨道交通指挥中心(TCC)、线路列车调度指挥中心(OCC)、车站行车岗位等组成。

2.掌握列车运行时中控与站控这两种组织方式。

3.掌握ATC系统的概念。

4.熟悉ATS界面系统。

能力目标:

1.具备准确且熟练地完成站控转换操作的能力。

2.具备ATS发生故障时及时处置的应变能力。

素质目标:

1.树立安全意识,培养规范操作的工匠精神。

2.树立团队意识,培养团队合作精神。

3.通过岗位模拟操作,培养运营管理人员良好的职业礼仪和素养。

任务　车站接收控制权操作

任务场景

×年×月×日,按照×号运行图组织运营,行车间隔为3分钟左右。×时×分会展中心联锁区因控制中心ATS发生故障,行车组织由"中控"转为"车站控制",由会展中心站值班员在行调的指挥下组织本联锁区行车。

任务要求

熟练掌握车站接收控制权操作流程,分小组在实训室内完成本任务,并且计算机评价需达到满分。

知识储备

1. 行车组织机构

行车组织机构一般由城市轨道交通指挥中心(TCC)、线路列车调度指挥中心(OCC)、车站行车岗位等组成。

(1)城市轨道交通指挥中心(TCC)。

一般情况下,城市轨道交通的线路是分线组织行车,在向网络化运营发展的进程中,有些城市成立了城市轨道交通指挥中心(Traffic Control Center,简称TCC),对城市轨道交通线路进行协调统筹。

例如,北京市轨道交通指挥中心(TCC)的主要职责如下:

①组织研究制订线网运力配置计划,并监督执行。

②组织研究制订线网调度规则。

③负责审查各运营商突发事件应急处置预案,组织制订线网各运营商间突发事件应急处置配合预案。

④协调指挥线网突发事件应急处置。

⑤向市政府应急指挥中心及政府相关部门报送突发事件应急处置工作信息。

⑥组织制订轨道交通线网乘客信息的发布规则。

（2）线路列车调度指挥中心（OCC）。

列车调度指挥中心（OCC）通常为轨道交通的指挥执行机构，也称为OCC的调度指挥，它与乘务的列车驾驶、车站场的接发列车构成行车组织的核心。

列车调度指挥中心（OCC）负责组织列车按图运行，在列车秩序紊乱时及时采取列车调整措施，恢复正常列车运行秩序。城市轨道交通行车组织必须坚持安全生产方针，贯彻高度集中、统一指挥、逐级负责的原则。

某条线路的控制中心一般由四个调度班组人员轮值，实行四班两运转制度。每班组设置1名值班主任（或称调度长）、2名行车调度员、1名环控调度员、1名电力调度员、1名维修调度员。

控制中心的基本职责是：运营行车调度指挥；运营供电、环控监控；行车信息发布；施工管理；行车业务。

（3）车站行车岗位。

地铁车站是地铁运营生产的第一现场，是行车组织的基层管理单位。车站的岗位设置一般有站长、值班站长、值班员、站务员、安全检查和安保人员以及其他助理人员等，车站岗位架构如图2-1所示。

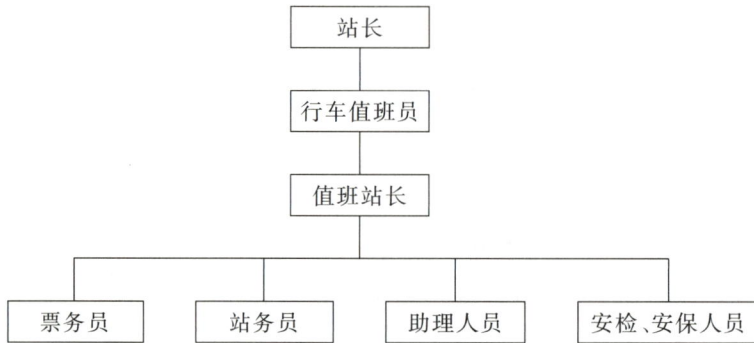

图2-1 车站岗位架构

值班站长和行车值班员主要在车站控制室值守，站务员需要到站台接发列车和指挥列车。车站的有关行车设备主要布置在控制室，比如行车控制台、IBP紧急后备盘、行车备品等。

2. 列车运行组织方式

按照组织控制主体，列车运行组织分为中控和站控两种方式，如图2-2所示。

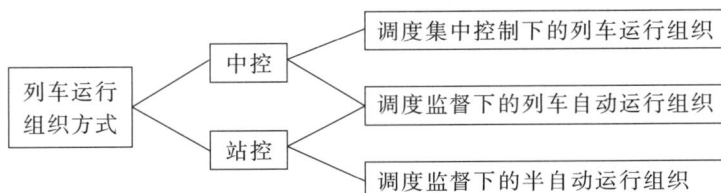

图 2-2 列车运行组织方式框图

按照列车运行设备和过程,列车运行组织分为调度集中控制下的列车运行组织、调度监督下的列车自动运行组织、调度监督下的半自动运行组织。

(1)调度集中控制下的列车运行组织。

调度集中控制下的列车运行组织,是指在行车调度员的统一指挥下,采用自动闭塞技术,利用调度集中行车设备对列车进行直接指挥运行的组织方式。此时调度集中设备能实现如下功能。

①远程控制各车站信号机、道岔和进路安排。

②远程监督列车运行状态、信号机状态、道岔以及区间占用情况等。

③可自动或人工绘制实际列车运行图。

④远程指挥组织进行列车运行调整。

(2)调度监督下的列车自动运行组织。

调度监督下的列车自动运行组织,是指行车调度员能及时监督现场设备和列车运行状态,但不能直接控制列车运行的组织方式。

调度监督下的列车自动运行组织与调度集中控制下的列车运行组织的主要区别在于是否远程控制各车站信号机、道岔和进路安排。

多数城市轨道交通线路正常情况下采用调度监督下的列车自动运行组织方式。此时,调度监督设备一般采用ATC系统,可以实现的功能有以下几个方面。

①储存多套列车运行图,按照列车运行图自动进行行车指挥。

②对正线列车实行自动跟踪,显示列车运行状态、信号机状态、道岔以及区间占用情况等。

③自动或人工对列车进行运行调整。

④可以实现控制权在控制中心和车站之间转换。

⑤具有ATO系统。

⑥可自动或人工绘制实际列车运行图,并进行运营数据统计。

(3)调度监督下的半自动运行组织。

调度监督下的半自动运行组织,是指在控制中心行车调度员的统一指挥下,由车站行车人员操作车站微机联锁或电气集中联锁设备或临时信号设备控制列车运行的组织方式。可实现的功能如下。

①利用车站信号系统具有的联锁功能,车站行车人员对进路排列、道岔转换、信号开放进行人工操作。

②实时反映进路占用、信号以及道岔等工作状态,对列车运行进行监护。

③储存信号开放时刻、道岔动作、列车运行等运行资料,并供需要时调用。

④车站根据中央指令对列车运行进行调整。

⑤计算机自动或人工绘制列车实际运行图。

3. 列车自动控制系统

列车自动控制(Automatic Train Control,ATC)系统是指以技术手段对列车运行方向、运行间隔和运行速度等进行控制,保证列车能够安全运行、提高运行效率的系统,简称列控系统。

列车自动控制(ATC)系统,一般包括:

①列车自动防护(Automatic Train Protection,简称 ATP)系统。

②列车自动驾驶(Automatic Train Operation,简称 ATO)系统。

③列车自动监督(Automatic Train Supervision,简称 ATS)系统。

(1)列车自动防护(ATP)系统。

列车自动防护(ATP)系统自动检测列车实际运行位置,自动确定列车最大安全运行速度,连续不断地实行速度监督,实现超速防护,自动检测列车运行间隔,以保证实现规定的行车间隔。

列车自动防护(ATP)系统是整个列车自动控制(ATC)系统的基础,ATO 系统、ATS 系统都依托 ATP 系统的工作。ATP 系统又称列车超速防护系统,其功能为列车超过规定速度时即自行制动:当车载设备接收到地面限速信息,经信息处理后与实际速度比较,当列车实际速度超过限速后,由制动装置控制列车制动系统制动。

(2)列车自动驾驶(ATO)系统。

列车自动驾驶(ATO)系统是一种完整的闭环自动控制系统,即列车一方面检测本列车的实际行车速度;另一方面连续获取地面给予的最大允许车速,经过计算机的解算,并依据其他与行车有关的因素(如机车牵引特性、区间坡道、弯道等),求得最佳行车速度,控制列车加速或减速,甚至制动。

在列车自动驾驶(ATO)系统中,司机起监督作用。

ATO 系统辅助 ATP 系统工作,接收来自 ATP 系统的信息,其中有 ATP 系统的速度指令、列车实际行车速度和列车行进距离。

ATO 系统通过牵引/制动系统控制列车,使其维持一个参考速度运行,并在设有屏蔽门的站台准确停车。

（3）列车自动监督（ATS）系统。

列车自动监督（ATS）系统是列车自动控制（ATC）系统的子系统，它可以监督、自动调整列车按时刻表运行，并提供调整所需数据，以尽可能减小列车未正点运行造成的不便。

列车自动监督（ATS）系统主要是通过计算机来组织和控制行车的一套完整的行车指挥系统。列车自动监督（ATS）系统将现场的行车信息及时传输到行车指挥中心；行车指挥中心对行车信息进行综合处理后，适时无误地向现场下达行车指令，以保证准确、快速、安全、可靠地行车。

列车自动监督（ATS）系统的功能如下：

①自动进行列车运行图管理，及时调整运行计划，监控列车进路。

②自动显示列车运行和设备状态，完成联锁和自动闭塞的要求。

③自动绘制列车实际运行图，包括车站旅客导向、车辆检修期的管理、列车的模拟仿真等。

任务实施

本任务涉及的岗位有：行车调度员、行车值班员。任务实施流程如表2-1所示。

表2-1　车站接收控制权操作流程

序　号		作业内容
1	核对运行计划	1. 接通电话：行调按"会展中心站"键，接通电话。 2. 行调布置：因控制中心ATS设备发生故障，自即时起，会展中心站控制权下放至车站。
		3. 值班员复诵：因控制中心ATS设备发生故障，自即时起，会展中心站控制权下放至车站。
		4. 行调布置：上行站台（即将进站）列车××次，下行站台（即将进站）列车××次。 5. 值班员复诵：上行站台（本站即将进站）列车××次，下行站台（本站即将进站）列车××次。
		6. 结束通话：挂断电话。
2	完成接收控制权操作	确认进路未处于办理中。 1. 值班员手指：本地ATS工作站。
		2. 值班员口呼：控制台进路未处于办理状态，信号、道岔状态良好。 值班员查看本地ATS工作站的站中控指示灯，确认中控指示灯显示。
		3. 值班员鼠标指：中控指示灯。
		4. 值班员口呼：ATS中控。 值班员操作：右击"站中控"按钮，选择"非请求站控"。

续表

序　号		作业内容
2	完成接收控制权操作	5. 值班员鼠标指:非请求站控。
		6. 值班员口呼:选择"非请求站控"。
		7. 值班员操作:弹出"站中控转换"对话框,确认无误后点击"应用"(在弹出框中,输入密码:123,再点击"确定")。值班员查看:本地 ATS 工作站的站中控指示灯,确认站控指示灯显示,确认站控转换成功。
		8. 值班员鼠标指:站控指示灯。
		9. 值班员口呼:站控转换完毕。
3	信息汇报	1. 接通电话:值班员按"行调"键,接通电话。2. 值班员向行调汇报:会展中心站已接权。
		3. 行调回复:收到。
		4. 结束通话:挂断电话。

核心素养评价

学生核心素养评价主要是针对行车调度员、行车值班员、站务员三个岗位的评价,而且评价必须体现人文底蕴、科学精神、学习能力、健康生活、责任担当、实践创新等六大方面的核心素养。

1. 专业能力评价

该评价主要通过计算机评价与人工评价相结合的方式进行,具体评价标准如表2-2所示。

表2-2　学业评价标准

序　号		作业内容	配　分	评分标准	评分方式
1	核对运行计划	1. 接通电话:行调按"会展中心站"键,接通电话。2. 行调布置:因控制中心 ATS 设备发生故障,自即时起,会展中心站控制权下放至车站。	19	1. 未接通电话进行布置或布置错误,扣5分。	计算机自动评分
		3. 值班员复诵:因控制中心 ATS 设备发生故障,自即时起,会展中心站控制权下放至车站。		2. 未接通电话进行复诵或复诵错误,扣5.5分。	计算机自动评分
		4. 行调布置:上行站台(即将进站)列车××次,下行站台(即将进站)列车××次。5. 值班员复诵:上行站台(本站即将进站)列车××次,下行站台(本站即将进站)列车××次。		3. 未布置或布置错误,扣2分。	计算机自动评分

序 号		作业内容	配 分	评分标准	评分方式
1	核对运行计划	6. 结束通话:挂断电话。	19	4. 未复诵或复诵错误,扣5.5分。	计算机自动评分
				5. 未挂断电话,扣1分。	计算机自动评分
2	完成接收控制权操作	确认进路未处于办理中。 1. 值班员手指:本地ATS工作站。	62	1. 未手指或手指位置错误,扣2分。	人工评分
		2. 值班员口呼:控制台进路未处于办理状态,信号、道岔状态良好。		2. 未口呼或口呼错误,扣8分。	计算机自动评分
		值班员查看本地ATS工作站的站中控指示灯,确认中控指示灯显示。 3. 值班员鼠标指:中控指示灯。		3. 鼠标未指到"中控指示灯",扣2分。	人工评分
		4. 值班员口呼:ATS中控。		4. 未口呼或口呼错误,扣2分。	计算机自动评分
		值班员操作:右击"站中控"按钮,选择"非请求站控"。 5. 值班员鼠标指:非请求站控。		5. 鼠标未指到右键菜单中的"非请求站控",扣2分。	人工评分
		6. 值班员口呼:选择"非请求站控"。		6. 未口呼或口呼错误,扣2分。	计算机自动评分
		7. 值班员操作:弹出"站中控转换"对话框,确认无误后点击"应用"(在弹出框中,输入密码:123,再点击"确定")。		7. 未操作或操作错误,扣40分。	计算机自动评分
		值班员查看:本地ATS工作站的站中控指示灯,确认站控指示灯显示,确认站控转换成功。 8. 值班员鼠标指:站控指示灯。		8. 鼠标未指到"站控指示灯",扣2分。	人工评分
		9. 值班员口呼:站控转换完毕。		9. 未口呼或口呼错误或未转为站控后口呼,扣2分。	计算机自动评分
3	信息汇报	1. 接通电话:值班员按"行调"键,接通电话。 2. 值班员向行调汇报:会展中心站已接权。	19	1. 未接通电话进行汇报或汇报错误,扣15分。	计算机自动评分
		3. 行调回复:收到。		2. 未回复或回复错误,扣2分。	人工评分
		4. 结束通话:挂断电话。		3. 未结束通话,扣2分。	计算机自动评分
合计			100	/	

2. 职业能力评价

职业能力评价主要包含职业信念与职业行为习惯的评价,要培养良好的职业素养,职业能力评价是促进职业信念提升、职业行为习惯养成的一个重要手段。职业能力评价标准见本书附录1。

项目三　排列进路

➤ 项目描述

因控制中心ATS设备发生故障,行调及时将列车运行控制权下放至车站,由车站对管辖范围内的列车进行监控和组织列车运行。

➤ 学习目标

知识目标:

1. 掌握列车入段、出段的作业程序及标准。

2. 掌握车站行车组织作业的基本要求。

3. 掌握列车折返的方式和优缺点。

能力目标:

1. 具备根据列车运行计划,组织列车入段、出段的能力。

2. 具备在控制中心ATS设备发生故障的情况下,组织列车在正线正常运行的能力。

素质目标:

1. 通过岗位实践,培养学生规范操作的职业素养和独立思考的自学能力。

2. 通过团队合作完成任务,培养学生的团队意识、创新能力。

3. 通过岗位模拟操作,培养学生一丝不苟、精益求精的工匠精神。

任务1　列车计划出段

任务场景

在控制中心 ATS 设备发生故障的情况下,地铁线路始发站会展中心站的行车值班员在行调的统一指挥下,组织车辆段列车进入正线运行。

任务要求

行车值班员能根据列车运行计划,组织车辆段列车顺利进入正线运行,并且要求计算机评分满分。

知识储备

1. 车辆段行车组织——发车作业

车辆段列车启动前应确认信号开放与库门开启正常,并注意平交道是否有人员、车辆穿越。在规定的出库时间已到而出库信号仍未开放时,司机应主动询问车场值班员,联系不上时可通过运转值班员询问。

正常情况下列车经由出段线出段,列车出段凭防护信号机的显示,在出段线的有码区按人工 ATP 模式运行,在出段线的无码区,按限速人工驾驶模式运行。在设备发生故障或检修施工时,列车可以由入段线出段,但应得到行车调度员准许。车场值班员在办理列车发车作业时,应确认区间空闲,停止影响发车进路的调车作业。

2. 列车出厂的操作流程

(1)行调确认正线施工结束、线路出清、接触网带电,按"运营前检查记录表"已向车站进行运营前检查,主调已签名确认后,通知车厂调度正线满足接车条件。

(2)行调严格按照"运营时刻表"指挥行车,按时组织客车进入正线,到达指定位置。

(3)按时刻表出厂第一班列车运行至出厂信号机前,司机使用车载电台呼叫行调,行调与司机进行通话测试,并核对列车车底及车次号是否正确。

(4)第一班列车的运行进路与所有出厂列车的第一条进路,原则上由行调在中央信号设备上提前排列。在穿插列车出厂时,行调需提前扣停相关列车,严格按照时刻表及时组织列车按图出厂。

（5）遇行车计划临时调整需变更出厂进路时,行调应及时将进路安排、车次安排、服务投入车站告知司机及相关车站。

（6）行调根据车厂调度提供的"车厂发车计划"核对出厂的列车车底是否正确。

任务实施

该任务操作涉及的岗位主要为车站行车值班员。任务实施流程如表3-1所示。

表3-1　列车出段操作流程

根据列车运行计划,组织列车出段	
排列车辆段出段进路	1. 值班员排列S0308—X0312进路。 操作: （1）右击S0308。 （2）选择"S0308—X0312"。 （3）点击"确定"。
	2. 值班员排列S0304—S0308进路。（操作同上）
进路办理鼠标指、口呼标准	S0308—X0312进路鼠标指、口呼标准: 1. 值班员鼠标指:S0308。 2. 值班员口呼:办理上0308至下0312进路。 （进路排列成功后） 3. 值班员鼠标指:S0308—X0312进路。 4. 值班员口呼:上0308至下0312进路已建立。
	S0304—S0308进路鼠标指、口呼标准: 1. 值班员鼠标指:S0304 2. 值班员口呼:办理上0304至上0308进路。 （进路排列成功后） 3. 值班员鼠标指:S0304—S0308进路。 4. 值班员口呼:上0304至上0308进路已建立。

核心素养评价

学生核心素养评价主要是针对行车调度员、行车值班员、站务员三个岗位的评价,而且评价必须体现人文底蕴、科学精神、学习能力、健康生活、责任担当、实践创新等六大方面的核心素养。

1. 专业能力评价

该评价主要通过计算机评价与人工评价相结合的方式进行,具体评价标准与内容如表3-2所示。

表 3-2　专业能力评价标准

序　号	作业内容			配　分	评分标准	评分方式
1	根据列车运行计划,组织列车出段	排列车辆段出段进路	1. 值班员排列 S0308—X0312 进路。操作: (1)右击 S0308。 (2)选择"S0308—X0312"。 (3)点击"确定"。	60	出段进路任意一条进路未排列,每次扣60分;本项最多扣60分。	计算机自动评分
			2. 值班员排列 S0304—S0308 进路。(操作同上)			
		进路办理鼠标指、口呼标准	S0308—X0312 进路鼠标指、口呼标准: 1. 值班员鼠标指:S0308。 2. 值班员口呼:办理上 0308 至下 0312 进路。 (进路排列成功后) 3. 值班员鼠标指:S0308—X0312 进路。 4. 值班员口呼:上 0308 至下 0312 进路已建立。	40	出现以下情况,每次扣5分: (1)需要鼠标指,未执行或者鼠标指位置不对的。 (2)需要口呼,未口呼或口呼内容错误的。 (3)配分40分,扣完为止。	人工评分
			S0304—S0308 进路鼠标指、口呼标准: 1. 值班员鼠标指:S0304。 2. 值班员口呼:办理上 0304 至上 0308 进路。 (进路排列成功后) 3. 值班员鼠标指:S0304—S0308 进路。 4. 值班员口呼:上 0304 至上 0308 进路已建立。			
合计				100	/	

2. 职业能力评价

职业能力评价主要包含职业信念与职业行为习惯的评价,要培养良好的职业素养,职业能力评价是促进职业信念提升、职业行为习惯养成的一个重要手段。职业能力评价标准见本书附录1。

任务2　排列进路

任务场景

会展中心联锁区因控制中心ATS发生故障,行车组织由"中控"转为"车站控制"后,由会展中心站值班员在行调的指挥下组织本联锁区行车。值班员根据列车运行图手动排列进路,实现按图行车。

任务要求

能根据列车运行计划,人工办理列车运行进路,要求计算机评分满分。

知识储备

1. 车站行车组织

正常情况下列车在自动控制(ATC)系统作用下自动运行,不需要车站进行行车指挥,车站的行车人员通过车站控制室的行车监督设备和站台进行列车运行情况监督。

(1)车站行车作业的基本要求。

车站行车作业应按照列车运行图要求,不间断地接发列车,确保行车安全与乘客安全。车站行车作业的基本要求如下。

①执行命令,听从指挥。严格执行单一指挥制,车站行车作业由车站值班员统一指挥。列车在车站时,列车司机应在车站值班员的指挥下工作。车站值班员应认真执行行车调度员的命令和上级领导的指示。

②遵章守纪,按图行车。认真执行行车规章制度,遵守各项劳动纪律。办理作业正确及时,严防错办和忘办,严禁违章作业。当班时必须精神集中,服装整洁,佩戴标志,保证车站安全、不间断地按列车运行图接发列车。

③作业联系,及时准确。联系各种行车事宜时,必须程序正确、用语规范、内容完整、简明清楚,严防误听、误解和臆测行事。

④接发列车,目迎目送。接发列车时严肃认真,姿势端正。认真做好听、看、闻,确保列车安全运行。

⑤行车表报,填写齐全。行车表报包括各种行车凭证、登记簿和行车日志。行车凭证有

路票、绿色许可证和调度命令等,登记簿有《调度命令登记簿》《检修施工登记簿》和《交接班登记簿》等。应按规定内容、格式,认真填写各种行车表报,保持表报完整、整洁。

(2)车站办理接发列车作业。

采用区间闭塞设备时,行车闭塞法为双区间闭塞法。在区间闭塞由车站值班员办理的情况下,列车进路也由车站值班员排列。当控制中心ATS的自动排列进路功能发生故障时,列车仍可按自动闭塞法行车,此时将控制权下放给车站,由车站值班员在联锁工作站上排列进路,办理列车接发工作。

①采用电气集中联锁设备时,列车进路办理在行车控制台上进行。

在行车控制台上按下拟建立进路的始、终端按钮,只要该进路区段无车辆占用以及无敌队进路存在,与进路有关的所有道岔均会自动转换到规定位置并锁闭,即进路排列完成。

此外在行车控制台的显示盘上,选出的进路从始端到终端呈现出一条绿色光带,防护该进路的信号机也同时开放,信号复示器显示绿灯。

当列车驶入进路,防护信号机关闭,信号复示器显示红灯,绿色光带随着列车运行不断变为红色光带,表示该进路被占用。

列车出清进路后,光带由红色变为灭灯状态,表示该进路已经解锁,进路解锁可以是分段解锁,也可以是一次解锁。

②采用计算机连锁设备时,列车进路办理在操作员工作站上进行。

在工作站显示器的视窗上,用鼠标点击拟建立进路的始、终端信号机,然后点击"排列进路"按钮,再点击"执行"按钮,计算机根据输入的操作命令,经过联锁判断自动建立进路、开放信号。

当列车驶入进路,防护信号机关闭,随着列车的运行,进路可逐段解锁。

2. 列车折返

列车折返方式是指当列车按照运行图的要求运行至指定终点站后,列车通过进路改变和道岔转换,经由车站的一条线路进入另一条线路,开始下一次运营的方式。具有列车折返能力的车站称为折返站。城市轨道交通线路上,只有中间个别车站、始发站和终点站才具有折返能力。

目前列车在折返站进行折返作业,有站前折返、站后折返和环形折返三种方式。

站前折返是指列车在中间站或终点站利用站前渡线进行折返作业。

站后折返是指列车在中间站、终点站利用站后渡线进行折返作业。

环形折返是一种特殊的站后折返方式,环形折返线因为没有道岔,所以运营作业程序简单。列车在小半径曲线上运行,会造成单侧钢轨及轮对的螺号磨损,并且环形折返线不能停放检修列车。

目前我国各地城市轨道交通普遍采用站后折返方式。

任务实施

本任务操作涉及的岗位主要为车站行车值班员。任务实施流程如表3-3所示。

表3-3　车站排列进路操作流程

	组织管辖车站范围内图定列车按计划运行
车站控制模式下的自动进路办理(无先后顺序)	1. 值班员办理X0303自动通过模式。 操作: (1)右击X0303。 (2)选择"设置自动通过进路"。 (3)点击"确定"。
	2. 值班员办理X0402自动通过模式。(操作同上)
	3. 值班员办理S0309自动通过模式。(操作同上)
	4. 值班员办理S0401自动通过模式。(操作同上)
进路办理鼠标指、口呼标准	1. 值班员鼠标指:相应进路始端信号机。
	2. 值班员口呼:办理××××—××××进路。
	(进路排列成功后) 3. 值班员鼠标指:相应进路。
	4. 值班员口呼:相应进路已建立。
	举例:排列X0326—S0320进路。 1. 值班员鼠标指:X0326。 2. 值班员口呼:办理下0326至上0320进路。 (进路排列成功后) 3. 值班员鼠标指:X0326—S0320进路。 4. 值班员口呼:下0326至上0320进路已建立。
取消进路鼠标指、口呼标准	1.值班员鼠标指:相应进路始端信号机。
	2. 值班员口呼:取消××××—××××进路。
	(进路取消成功后) 3. 值班员鼠标指:相应进路。
	4. 值班员口呼:相应进路已取消。
	举例:取消X0326—S0320进路。 1. 值班员鼠标指:X0326。 2. 值班员口呼:取消下0326至上0320进路。 (进路取消成功后) 3. 值班员鼠标指:X0326—S0320进路。 4. 值班员口呼:下0326至上0320进路已取消。

续表

	组织管辖车站范围内图定列车按计划运行	
自动进路办理鼠标指、口呼标准	1. 值班员鼠标指:相应信号机。	
	2. 值班员口呼:设置××××信号机自动通过模式。	
	(自动进路办理成功后) 3. 值班员鼠标指:××××信号机自动通过图标(绿色箭头)。	
	4. 值班员口呼:××××信号机自动通过模式已建立。	
	举例:办理X0303自动通过模式。 1. 值班员鼠标指:X0303。 2. 值班员口呼:设置下0303信号机自动通过模式。 (自动进路办理成功后) 3. 值班员鼠标指:X0303信号机自动通过图标(绿色箭头)。 4. 值班员口呼:下0303信号机自动通过模式已建立。	
自动折返办理鼠标指、口呼标准	1. 值班员鼠标指:自动折返×××按钮。	
	2. 值班员口呼:设置自动折返(具体名称)。	
	(自动折返办理成功后) 3. 值班员鼠标指:相应自动折返按钮。	
	4. 值班员口呼:相应自动折返模式已建立(具体名称)。	
	举例:办理CY1。 1. 值班员鼠标指:CY1按钮。 2. 值班员口呼:设置自动折返CY1。 (自动折返办理成功后) 3. 值班员鼠标指:CY1按钮。 4. 值班员口呼:CY1自动折返模式已建立。	
取消自动折返鼠标指、口呼标准	1. 值班员鼠标指:自动折返×××按钮。	
	2. 值班员口呼:取消自动折返(具体名称)。	
	(取消自动折返成功后) 3. 值班员鼠标指:相应自动折返按钮。	
	4. 值班员口呼:相应自动折返模式已取消(具体名称)。	
	举例:取消CY1。 1. 值班员鼠标指:CY1按钮。 2. 值班员口呼:取消自动折返CY1。 (取消自动折返成功后) 3. 值班员鼠标指:CY1按钮。 4. 值班员口呼:CY1自动折返模式已取消。	

核心素养评价

学生核心素养评价主要是针对行车调度员、行车值班员、站务员三个岗位的评价,而且评价必须体现人文底蕴、科学精神、学习能力、健康生活、责任担当、实践创新等六大方面的核心素养。

1. 专业能力评价

该评价主要通过计算机评价与人工评价相结合的方式进行,具体评价标准如表3-4所示。

表3-4　专业能力评价标准

序　号		作业内容	配　分	评分标准	评分方式
1	根据列车运行计划,排列进路组织列车运行。	车站控制模式下的自动进路办理(无先后顺序)	1. 值班员办理X0303自动通过模式。操作: (1)右击X0303。 (2)选择"设置自动通过进路"。 (3)点击"确定"。	60	未操作或未操作成功,每个扣15分。本项最多扣60分。	计算机自动评分
			2. 值班员办理X0402自动通过模式。(操作同上)			
			3. 值班员办理S0309自动通过模式。(操作同上)			
			4. 值班员办理S0401自动通过模式。(操作同上)			
		进路办理鼠标指、口呼标准	1. 值班员鼠标指:相应进路始端信号机。	40	执行标准: 作业过程动作及口呼要求:清晰、准确、连贯。 扣分标准: 出现以下情况,每次扣2分: (1)需要鼠标指,未执行或者鼠标指位置不对的。 (2)需要口呼,未口呼或口呼内容错误的。 (3)配分40分,扣完为止。	人工评分
			2. 值班员口呼:办理××××—××××进路。			
			(进路排列成功后) 3. 值班员鼠标指:相应进路。			

序　号			作业内容	配　分	评分标准	评分方式
1	根据列车运行计划，排列进路，组织列车运行。	进路办理鼠标指、口呼标准	4. 值班员口呼：相应进路已建立。	40	执行标准： 作业过程动作及口呼要求：清晰、准确、连贯。 扣分标准： 出现以下情况，每次扣2分： (1)需要鼠标指，未执行或者鼠标指位置不对的； (2)需要口呼，未口呼或口呼内容错误的； (3)配分40分，扣完为止。	人工评分
			举例：排列 X0326—S0320 进路。 1. 值班员鼠标指：X0326。 2. 值班员口呼：办理下 0326 至上 0320 进路。 （进路排列成功后） 3. 值班员鼠标指：X0326—S0320 进路。 4. 值班员口呼：下 0326 至上 0320 进路已建立。			
		取消进路鼠标指、口呼标准	1. 值班员鼠标指：相应进路始端信号机。			
			2. 值班员口呼：取消××××—××××进路。			
			（进路取消成功后） 3. 值班员鼠标指：相应进路。			
			4. 值班员口呼：相应进路已取消。			
			举例：取消 X0326—S0320 进路。 1. 值班员鼠标指：X0326。 2. 值班员口呼：取消下 0326 至上 0320 进路。 （进路取消成功后） 3. 值班员鼠标指：X0326—S0320 进路。 4. 值班员口呼：下 0326 至上 0320 进路已取消。			
		自动进路办理鼠标指、口呼标准	1. 值班员鼠标指：相应信号机。			
			2. 值班员口呼：设置××××信号机自动通过模式。			
			（自动进路办理成功后） 3. 值班员鼠标指：××××信号机自动通过图标（绿色箭头）。			
			4. 值班员口呼：××××信号机自动通过模式已建立。			

序　号			作业内容	配　分	评分标准	评分方式
1	根据列车运行计划,排列进路组织列车运行。	自动进路办理鼠标指、口呼标准	举例:办理X0303自动通过模式。 1. 值班员鼠标指:X0303。 2. 值班员口呼:设置下0303信号机自动通过模式。 (自动进路办理成功后) 3. 值班员鼠标指:X0303信号机自动通过图标(绿色箭头)。 4. 值班员口呼:下0303信号机自动通过模式已建立。	40	执行标准: 作业过程动作及口呼要求:清晰、准确、连贯。 扣分标准: 出现以下情况,每次扣2分: (1)需要鼠标指,未执行或者鼠标指位置不对的。 (2)需要口呼,未口呼或口呼内容错误的。 (3)配分40分,扣完为止。	人工评分
		自动折返办理鼠标指、口呼标准	1. 值班员鼠标指:自动折返×××按钮。 2. 值班员口呼:设置自动折返(具体名称)。 (自动折返办理成功后) 3. 值班员鼠标指:相应自动折返按钮。 4. 值班员口呼:相应自动折返模式已建立(具体名称)。 举例:办理CY1。 1. 值班员鼠标指:CY1按钮。 2. 值班员口呼:设置自动折返CY1。 (自动折返办理成功后) 3. 值班员鼠标指:CY1按钮。 4. 值班员口呼:CY1自动折返模式已建立。			
		取消自动折返鼠标指、口呼标准	1. 值班员鼠标指:自动折返×××按钮。 2. 值班员口呼:取消自动折返(具体名称)。 (取消自动折返成功后) 3. 值班员鼠标指:相应自动折返按钮。 4. 值班员口呼:相应自动折返模式已取消(具体名称)。 举例:取消CY1。 1. 值班员鼠标指:CY1按钮。 2. 值班员口呼:取消自动折返CY1。 (取消自动折返成功后) 3. 值班员鼠标指:CY1按钮。 4. 值班员口呼:CY1自动折返模式已取消。			
合计				100	/	

2. 职业能力评价

职业能力评价主要包含职业信念与职业行为习惯的评价,要培养良好的职业素养,职业能力评价是促进职业信念提升、职业行为习惯养成的一个重要手段。职业能力评价标准见本书附录1。

任务3 列车计划入段

任务场景

控制中心ATS设备发生故障的情况下,地铁线路终端站会展中心站的行车值班员在行调的统一指挥下,组织车辆段列车结束正线运行,进入车辆段。

任务要求

行车值班员能根据列车运行计划,组织正线运行列车进入车辆段,并且要求计算机评分满分。

知识储备

1. 车辆段行车组织——入库作业

正常情况下,在正线上行驶的列车由入库线回段。列车入段凭证为防护信号机的显示,在入库线的有码区按人工ATP模式运行,在入库线的无码区按限速人工驾驶模式运行。

在设备发生故障或施工作业时,列车可以从出库线入段,但应取得行车调度员的准许。车厂值班员在办理接车作业时,应确认接车路线空闲,并停止影响接车进路的调车作业。

2. 列车回厂组织

(1)行调应严格按照"运营时刻表"组织列车回厂,因列车调整须改变回厂顺序时应提前通知车站、车厂及司机。

(2)须确认回厂进路正确、出入厂线路无施工、接触网带电。

(3)因行车计划临时调整须变更回厂进路时,行调应及时将进路安排、车次安排告知司机及相关车站。

(4)车厂设置在中间站,列车回厂时除执行以上规定外,还须执行以下规定:

第一,行调须根据行车需求视情况提前扣停后续列车在相关车站,防止载客列车在区间停车。

第二,须提前对回厂进路上的相关道岔取消单独锁定。

第三,回厂列车在始发站启动列车前,行调须在中央信号设备上核对目的地码及车次是否正确。

第四,回厂列车需在中间站停车换端时,行调须提前关闭列车换端站的正向出站信号的追踪/自排功能,以防系统误排进路。

第五,非正常情况下出入车厂,可参照行规。

任务实施

本任务操作涉及的岗位主要为车站行车值班员。任务实施流程如表3-5所示。

表3-5　列车计划入段操作流程

根据列车运行计划,组织列车入段	
排列车辆段入段进路	1. 值班员排列X0326—S0318进路。 操作: (1)右击X0326。 (2)选择"X0326—S0318"。 (3)点击"确定"。
	2. 值班员排列X0310—S0306进路。(操作同上)
进路办理鼠标指、口呼标准	X0326—S0318进路鼠标指、口呼标准: 1. 值班员鼠标指:X0326。 2. 值班员口呼:办理下0326至上0318进路。 (进路排列成功后) 3. 值班员鼠标指:X0326—S0318进路。 4. 值班员口呼:下0326至上0318进路已建立。
	X0310—S0306进路鼠标指、口呼标准: 1. 值班员鼠标指:X0310。 2. 值班员口呼:办理下0310至上0306进路。 (进路排列成功后) 3. 值班员鼠标指:X0310—S0306进路。 4. 值班员口呼:下0310至上0306进路已建立。

核心素养评价

学生核心素养评价主要是针对行车调度员、行车值班、站务员三个岗位的评价,而且评价必须体现人文底蕴、科学精神、学习能力、健康生活、责任担当、实践创新等六大方面的核心素养。

1. 专业能力评价

该评价主要通过计算机评价与人工评价相结合的方式进行,具体如表3-6所示。

表 3-6 专业能力评价标准

序 号			作业内容	配 分	评分标准	评分方式
1	根据列车运行计划，组织列车入段	排列车辆段入段进路	1. 值班员排列 X0326—S0318 进路。 操作： （1）右键 X0326。 （2）选择"X0326—S0318"。 （3）点击"确定"。	60	出段进路任意一条进路未排列，每次扣60分。本项最多扣60分。	计算机自动评分
			2. 值班员排列 X0310—S0306 进路。（操作同上）			
		进路办理鼠标指、口呼标准	X0326—S0318 进路鼠标指、口呼标准： 1. 值班员鼠标指：X0326。 2. 值班员口呼：办理下 0326 至上 0318 进路。 （进路排列成功后） 3. 值班员鼠标指：X0326—S0318 进路。 4. 值班员口呼：下 0326 至上 0318 进路已建立。	40	扣分标准： 出现以下情况，每次扣5分： （1）需要鼠标指，未执行或者鼠标指位置不对的。 （2）需要口呼，未口呼或口呼内容错误的。 （3）配分40分，扣完为止。	人工评分
			X0310—S0306 进路鼠标指、口呼标准： 1. 值班员鼠标指：X0310。 2. 值班员口呼：办理下 0310 至上 0306 进路。 （进路排列成功后） 3. 值班员鼠标指：X0310—S0306 进路。 4. 值班员口呼：下 0310 至上 0306 进路已建立。			
合计				100	/	

2. 职业能力评价

职业能力评价主要包含职业信念与职业行为习惯的评价，要培养良好的职业素养，职业能力评价是促进职业信念提升、职业行为习惯养成的一个重要手段。职业能力评价标准见本书附录1。

项目四　紧急停车按钮激活

▶ 项目描述

当站台发生紧急情况,列车须紧急停车时,站务员应按以下程序处理:

(1)站台站务员或乘客按下站台的紧急停车按钮。

(2)对应的紧急停车按钮指示灯亮,车控室和站台监控IBP盘上对应站台的指示灯亮,车站ATS工作站和控制中心行车调度员工作站对应区域显示紧急停车,显示报警信号。

(3)车站值班员将车控室IBP盘上的紧急停车开关拨至"急停"位置。

(4)站台站务员赶往事发地点,采取适当的措施处理该事件,并保持站台、车控室、OCC联系畅通,必要时请求协助。

(5)在确定处理完情况后,站台站务员用钥匙复位被激活的紧急停车按钮,并通知车站值班员,最后给驾驶员发出"一切妥当"手信号。

(6)车站值班员将车控室IBP盘上对应的紧急停车开关拨至"复位"位置。

(7)车站值班员在ATS工作站上复位,使ATC系统复位,并记录该次事件的时间、紧急停车按钮启动的原因及事件处理经过。

该流程需要站务员、行车值班员、行车调度员三个岗位人员在三个工作地点进行紧密配合完成处置。希望通过本项目的学习,同学们能够掌握紧急停车按钮被激活时不同岗位人员的应急操作。

▶ 学习目标

知识目标:

1.掌握列车扣车的概念。

2.掌握列车出站紧急停车按钮点亮时的处置流程。

能力目标:

1.具备识别车站紧急停车按钮及其作用的能力。

2. 具备列车出站紧急停车按钮点亮时按操作流程进行处置的能力。

素质目标：

1. 通过岗位之间的配合实践操作，培养学生吃苦耐劳、团队协同意识。

2. 培养学生规范操作的安全意识、精益求精的质量意识以及认真负责的工匠精神。

3. 塑造学生正确的社会主义核心价值观，使学生具有较高的职业素养，包括语言、动作、形象等方面规范的城市轨道交通员工形象。

任务　列车出站紧急停车按钮点亮的处置

任务场景

列车处于会展中心站上行站台准备发车时,上行紧急停车按钮被激活,值班员与站务员联系确认为乘客误碰,现场无紧急情况后,解除上行紧急停车状态。

任务要求

熟练掌握乘客误碰导致列车出站紧急停车按钮点亮的处置操作流程,分小组分岗位在实训室内完成本任务,并且要求计算机评分满分。

知识储备

1. 应急扣车时的行车组织

当出现紧急情况采取应急扣车措施时,应合理有效地利用扣停的调度手段,根据不同的扣车方式采取对应措施,以避免列车进入故障或运营影响区段。扣车的方式有以下两种。

(1)通过ATS命令扣车。

当行车调度员须扣停列车时,须在控制中心调度终端人机界面MMI上进行操作,并通知司机和车站。通过调度终端操作扣车的前提条件:一是列车必须以SM、ATO及AR模式驾驶;二是列车未进入站台或停稳在站台时运营停车点未取消,扣车的有效区段是站台区段。

(2)车站人员应急扣车。

当车站遇紧急情况须立即将进站或出站列车扣停时,车站人员可按下车控室或站台的紧急停车按钮,使站台范围内的列车紧急停下。

当情况紧急不具备第一时间按下按钮条件时,也可向司机猛烈摇动红色信号旗或高举双手左右交叉急剧摇动(紧急停车的手信号),指示司机将列车停下。

2. 紧急停车按钮

站台一般设置有紧急停车按钮,如图4-1所示,用于站务员在突发情况下,及时扣停列车。当站台发生紧急情况时,站务员按压红色紧急停车按钮,可将列车扣停在车站或阻止列车进入站台区域。

图 4-1　站台紧急停车按钮

任务实施

本任务涉及的岗位有:行车调度员、行车值班员、站务员。任务实施流程如表4-1所示。

表 4-1　站台紧急停车处置流程

序　号	作业程序	作业内容
1	状态确认	1. 值班员鼠标指:本地ATS工作站上的上行站台红色菱形方框。
		2. 值班员口呼:上行紧急停车按钮激活。
		3. 值班员手指:IBP盘上行紧急停车按钮红色指示灯。
		4. 值班员口呼:上行紧急停车按钮激活,进行"警铃解除"。
		5. 值班员操作:按压IBP盘上行"警铃解除"按钮。
		6. 接通电话:值班员点击"行调"按键,接通电话。
		7. 值班员向行调汇报:会展中心站上行紧急停车报警。
		8. 行调回复:收到。
		9. 结束通话:挂断电话。
2	联系并恢复	1. 值班员对讲机联系站务员:上行站台紧急停车报警,请确认现场情况。
		2. 站务员回复值班员:上行站台乘客误碰紧急停车按钮,无异常情况。
		3. 值班员对讲机回复站务员:收到,恢复上行紧急停车。
		4. 接通电话:值班员点击"行调"按键,接通电话。
		5. 值班员向行调汇报:会展中心站上行紧急停车为乘客误碰,无异常情况,请求恢复。

续表

序 号	作业程序	作业内容
2	联系并恢复	6. 行调回复:同意。
		7. 结束通话:挂断电话。
		8. 值班员口呼:恢复上行紧急停车状态。
		9. 值班员操作:按压IBP盘上行"取消紧急停车"按钮。
		10. 值班员手指:IBP盘熄灭的上行紧急停车按钮指示灯。
		11. 值班员鼠标指:上行站台(红色菱形方框消失)。
		12. 值班员口呼:上行紧急停车已恢复。
3	信息汇报	1. 接通电话:值班员点击"行调"按键,接通电话。
		2. 值班员向行调汇报:会展中心站上行紧急停车已恢复。
		3. 行调回复:收到。
		4. 结束通话:挂断电话。

核心素养评价

学生核心素养评价主要是针对行车调度员、行车值班员、站务员三个岗位的评价,而且评价必须体现人文底蕴、科学精神、学习能力、健康生活、责任担当、实践创新等六大方面的核心素养。

1. 专业能力评价

该评价主要通过计算机评价与人工评价相结合的方式进行,如表4-2所示。

表4-2　评价标准

序 号	作业程序	作业内容	配 分	评分标准	评分方式
1	状态确认	1. 值班员鼠标指:本地ATS工作站上的上行站台红色菱形方框。	30	1. 未鼠标指或鼠标指位置错误,扣3分。	人工评分
		2. 值班员口呼:上行紧急停车按钮激活。		2. 未口呼或口呼错误,扣3分。	计算机自动评分
		3. 值班员手指:IBP盘上行紧急停车按钮红色指示灯。		3. 未手指或手指位置错误,扣3分。	人工评分
		4. 值班员口呼:上行紧急停车按钮激活,进行"警铃解除"。		4. 未口呼或口呼错误,扣3分。	计算机自动评分

序　号	作业程序	作业内容	配　分	评分标准	评分方式
1	状态确认	5. 值班员操作：按压IBP盘上行"警铃解除"按钮。	30	5. 未按压IBP盘上行"警铃解除"按钮，扣11分。	计算机自动评分
		6. 接通电话：值班员点击"行调"按键，接通电话。		6. 未接通电话进行汇报或汇报错误，扣5分。	计算机自动评分
		7. 值班员向行调汇报：会展中心站上行紧急停车报警。			
		8. 行调回复：收到。		7. 未回复或回复错误，扣1分。	人工评分
		9. 结束通话：挂断电话。		8. 未结束通话，扣1分。	计算机自动评分
2	联系并恢复	1. 值班员对讲机联系站务员：上行站台紧急停车报警，请确认现场情况。	60	1. 未与站务员进行联系确认或联系确认内容错误，扣15分。	计算机自动评分
		2. 站务员回复值班员：上行站台乘客误碰紧急停车按钮，无异常情况。		2. 未回复或回复错误，扣6分。	人工评分
		3. 值班员对讲机回复站务员：收到，恢复上行紧急停车。		3. 未回复站务员，扣3分。	计算机自动评分
		4. 接通电话：值班员点击"行调"按键，接通电话。		4. 未接通电话进行汇报或汇报错误，扣6分。	计算机自动评分
		5. 值班员向行调汇报：会展中心站上行紧急停车为乘客误碰，无异常情况，请求恢复。			
		6. 行调回复：同意。		5. 未回复或回复错误，扣1分。	人工评分
		7. 结束通话：挂断电话。		6. 未结束通话，扣1分。	计算机自动评分
		8. 值班员口呼：恢复上行紧急停车状态。		7. 未口呼或口呼不正确，每次扣2分。	计算机自动评分
		9. 值班员操作：按压IBP盘上行"取消紧急停车"按钮。		8. 操作扣分标准： (1)未按压上行"取消紧急停车"按钮，扣20分； (2)误按压下行"取消紧急停车"按钮，扣20分； (3)以上两项最多扣20分； (4)误按压下行"紧急停车按钮"，本试题直接不及格。	计算机自动评分
		10. 值班员手指：IBP盘熄灭的上行紧急停车按钮指示灯。		9. 未手指或手指位置错误，扣2分。	人工评分

序 号	作业程序	作业内容	配 分	评分标准	评分方式
2	联系并恢复	11. 值班员鼠标指:上行站台(红色菱形方框消失)。	60	10. 未鼠标指或鼠标指位置错误,扣2分。	人工评分
		12. 值班员口呼:上行紧急停车已恢复。		11. 未口呼或口呼错误,扣2分。	计算机自动评分
3	信息汇报	1. 接通电话:值班员点击"行调"按键,接通电话。	10	1. 未接通电话进行汇报或汇报错误,扣8分。	计算机自动评分
		2. 值班员向行调汇报:会展中心站上行紧急停车已恢复。			
		3. 行调回复:收到。		2. 未回复或回复错误,扣1分。	人工评分
		4. 结束通话:挂断电话。		3. 未结束通话,扣1分。	计算机自动评分
合 计			100	/	

2. 职业能力评价

职业能力评价主要包含职业信念与职业行为习惯的评价,要培养良好的职业素养,职业能力评价是促进职业信念提升、职业行为习惯养成的一个重要手段。职业能力评价标准见本书附录1。

项目五　计轴故障处理

➤ 项目描述

　　轨道电路是由钢轨线路和钢轨绝缘构成,用于自动、连续监测这线路是否被机车车辆占用,以及控制信号装置或转辙装置,以保证行车安全的设备。整个轨道系统路网依适当距离区分成许多闭塞区间,各闭塞区间以轨道绝缘接头区隔,形成独立轨道电路,各区间的起始点皆设有信号机,当列车进入闭塞区间后,轨道电路立即反应,并传达本区间已有列车通行,禁止其他列车进入的信息至信号机,此时位于区间入口的信号机,立即显示禁行的信息。

　　运行过程中,由于道床漏泄过大、电阻太低,轨道电路会出现紫光带现象。该现象多发生在隧道、阴雨潮湿季节、金属矿石粉末遗撒时等。另外,由于轨面生锈等原因,车轮不能在轨道电路上进行可靠分路,轨道电路会出现白光带现象。

　　那么,当车站值班员通过ATS界面发现白光带、紫光带现象时,该如何准确快速地进行处理?通过本项目的学习,我们将掌握这项技能。

➤ 学习目标

知识目标:

1. 掌握计轴的概念。

2. 掌握计轴白光带的概念。

3. 掌握紫光带的概念,并能根据紫光带出现的计轴区段位置选择相应的应对措施。

能力目标:

1. 具备正确处置计轴系统出现白光带现象的操作能力。

2. 具备正确处置计轴系统出现紫光带现象的操作能力。

素质目标：

1. 通过小组合作与岗位情景模拟操作,培养学生分析问题、解决问题的能力。

2. 培养学生的沟通能力及团队协作精神。

3. 培养学生的成本意识、质量意识和安全意识。

4. 培养学生爱岗敬业的职业精神和高度责任心。

5. 培养学生严格执行工作程序、工作规范、设备安全操作规程的安全意识。

任务1　办理"区故解"作业（白光带）

任务场景

列车经过进路区段后,进路部分出现白光带呈现故障锁闭状态,需值班员进行故障处置。

任务要求

当ATS界面出现白光带时,能立即做出反应,熟练掌握办理"区故解"作业操作流程,分小组分岗位在实训室内完成本任务,并且要求计算机评分满分。

知识储备

1. 计轴

计轴又称微机计轴,如图5-1所示,是装设在铁路两端车站上的设备,利用安装在钢轨上的闭环传感器监督列车车轮对经过数,经过设在室内的微机系统与门检测后将本站的轮对数利用半自动设备发送至对方站,列车到达对方站后,对方站收到的轮对数与发车站的相同时自动开通区间。换言之,计轴是一种能检测通过车轮的铁路信号设备,它能够取代许多普通的轨道电路。

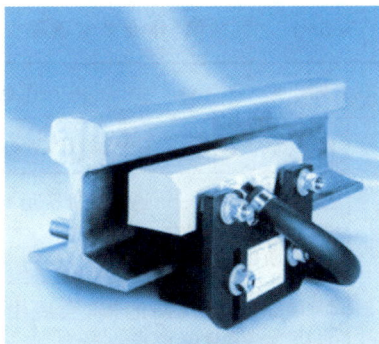

图5-1　计轴器

2. 计轴白光带

白光带是进路锁闭状态。遗留白光带的原因有很多,但基本上是因为列车在进路上运行过程中不符合三点检查条件。例如,在某一区段占用失效,直接占用下一区段;或者列车运行过程中进路上某个区段轨道电路闪红,都会导致进路遗留白光带无法解锁,必须由值班员人工"区故解"。

当车站出现白光带故障时,确认列车已经全部通过以后,可以使用"区故解"对相应区段进行解锁操作。

任务实施

S0320—X0328进路建立信号开放,上行列车出清S0320—X0328进路后,G0312、G0314出现故障锁闭状态,需值班员使用区段故障解锁功能进行解锁,如图5-2所示。

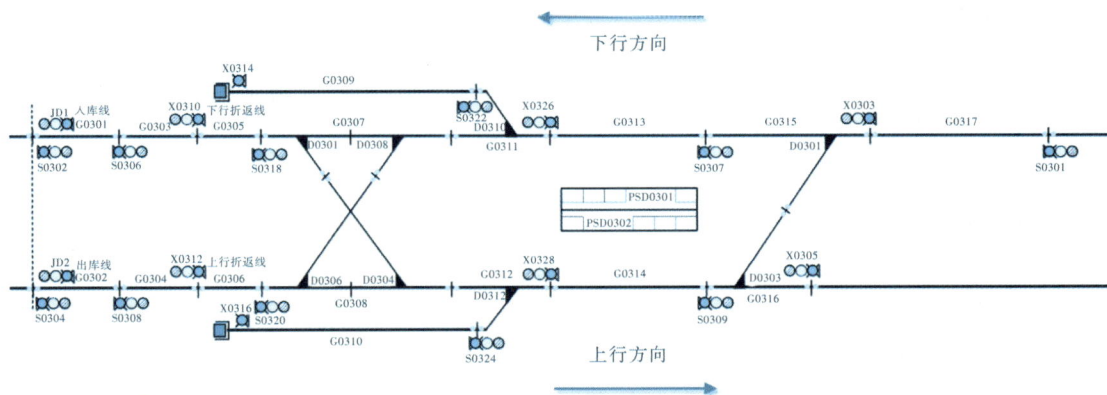

图5-2 "区故解"示意图

本任务涉及的岗位有:行车值班员、行车调度员。"区故解"(白光带)作业具体处置流程如表5-1所示。

表5-1 "区故解"作业处置流程

序 号	作业程序	作业内容
1	故障判断及汇报	1. 值班员鼠标指:G0312、G0314区段。
		2. 值班员口呼:轨道0312、轨道0314白光带。
		3. 接通电话:值班员点击"行调"按钮,接通电话。
		4. 值班员向行调汇报:会展中心站上行列车已全列出站,轨道0312、轨道0314出现白光带。
		5. 行调回复:收到。
		6. 结束通话:挂断电话。

续表

序　号	作业程序	作业内容
2	办理"区故解"操作	1. 值班员鼠标指：G0312区段。
		2. 值班员口呼：轨道0312"区故解"。
2	办理"区故解"操作	3. 值班员操作： (1)右击G0312区段； (2)选择"区故解"； (3)点击"确认"； (4)二次确认"区故解设备"，在倒计时结束前确认并选择G0312区段并确认。
		4. 值班员鼠标指：G0314区段。
		5. 值班员口呼：轨道0314"区故解"。
		6. 值班员操作： (1)右击G0314区段； (2)选择"区故解"； (3)点击"确认"； (4)二次确认"区故解设备"，在倒计时结束前确认并选择G0314区段并确认。
4	信息汇报	1. 接通电话：值班员点击"行调"按钮，接通电话。
		2. 值班员向行调汇报：会展中心站轨道0312、轨道0314区段白光带已解锁。
		3. 行调回复：收到。
		4. 结束通话：挂断电话。

核心素养评价

学生核心素养的评价主要是针对行车调度员、行车值班员、站务员三个岗位的评价，而且评价必须体现人文底蕴、科学精神、学习能力、健康生活、责任担当、实践创新等六大方面的核心素养。

1. 专业能力评价

该评价主要通过计算机评价与人工评价相结合的方式进行，具体评价标准如表5-2所示。

表5-2　白光带处置评价标准

序　号	作业程序	作业内容	配　分	评分标准	评分方式
1	故障判断及汇报	1. 值班员鼠标指：G0312、G0314区段。	20	1. 未鼠标指或鼠标指位置错误，扣5分。	人工评分
		2. 值班员口呼：轨道0312、轨道0314白光带。		2. 未口呼或口呼错误，扣5分。	计算机自动评分
		3. 接通电话：值班员点击"行调"按钮，接通电话。		3. 未接通电话进行汇报或汇报错误，扣8分。	计算机自动评分
		4. 值班员向行调汇报：会展中心站上行列车已全列出站，轨道0312、轨道0314出现白光带。			
		5. 行调回复：收到。		4. 未回复或回复错误，扣1分。	人工评分
		6. 结束通话：挂断电话。		5. 未接通或挂断电话，扣1分。	计算机自动评分
2	办理"区故解"操作	1. 值班员鼠标指：G0312区段。	35	1. 未鼠标指或鼠标指位置错误，扣5分。	人工评分
		2. 值班员口呼：轨道0312"区故解"。		2. 未口呼或口呼错误，扣5分。	计算机自动评分
		3. 值班员操作： （1）右击G0312区段； （2）选择"区故解"； （3）点击"确认"； （4）二次确认"区故解设备"，在倒计时结束前确认并选择G0312区段并确认。		3. 未正确解锁G0312故障区段，扣25分。	计算机自动评分
		4. 值班员鼠标指：G0314区段。	35	4. 未鼠标指或鼠标指位置错误，扣5分。	人工评分
		5. 值班员口呼：轨道0314"区故解"。		5. 未口呼或口呼错误，扣5分。	计算机自动评分
		6. 值班员操作： （1）右击G0314区段； （2）选择"区故解"； （3）点击"确认"； （4）二次确认"区故解设备"，在倒计时结束前确认并选择G0314区段并确认。		6. 未正确解锁G0314故障区段，扣25分；有列车占用，解锁G0314故障区段，扣25分；解锁G0314项最多扣25分。	计算机自动评分

续表

序　号	作业程序	作业内容	配　分	评分标准	评分方式
3	信息汇报	1. 接通电话:值班员点击"行调"按钮,接通电话。 2. 值班员向行调汇报:会展中心站轨道0312、轨道0314区段白光带已解锁。	10	1. 未接通电话进行汇报或汇报错误,扣8分。	计算机自动评分
		3. 行调回复:收到。		2. 未回复或回复错误,扣1分。	人工评分
		4. 结束通话:挂断电话。		3. 未结束通话,扣1分。	计算机自动评分
合计			100	/	

2. 职业能力评价

职业能力评价主要包含职业信念与职业行为习惯的评价,要培养良好的职业素养,职业能力评价是促进职业信念提升、职业行为习惯养成的一个重要手段。职业能力评价标准见本书附录1。

任务2　计轴受扰下的处置（紫光带）

任务场景

列车经过进路区段后，进路部分出现紫光带现象，需值班员进行故障处置。

任务要求

当ATS界面出现紫光带时，能立即做出反应，熟练掌握紫光带处置流程，分小组分岗位在实训室内完成本任务，并且要求计算机评分满分。

知识储备

当计轴区段出现紫光带，根据紫光带位置的不同，采取不同应对措施。

（1）非道岔区计轴紫光带。

①第一列车以RM模式通过。

②如故障未能恢复，则后续列车以NRM模式驾驶。

（2）道岔区计轴紫光带。

①须改变道岔位置时，按人工组织进路的要求组织行车。

②无须改变道岔位置时，确认道岔位置正确并加电子锁定。

（3）联锁区计轴区段全部紫光带。

按站间电话闭塞法组织行车。

任务实施

车站控制时，列车由下行站台全列运行至上行折返线，进路解锁后，在G0308区段出现故障紫光带，如图5-3所示。此时，D0306/D0308道岔处于反位，D0302/D0304/D0312道岔处于定位。

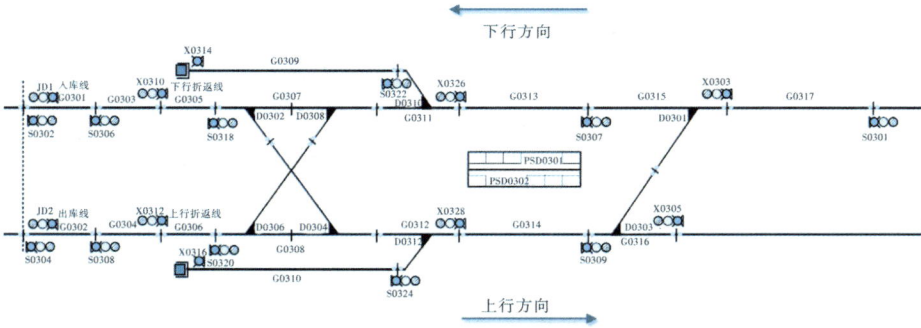

图 5-3　紫光带示意图

此任务涉及的岗位有：行车值班员、行车调度员。具体作业操作流程如表5-3所示。

表5-3　紫光带作业流程

序　号	作业程序	作业内容
1	汇报调度	1. 值班员鼠标指：G0308轨道区段。
		2. 值班员口呼：轨道0308显示紫光带。
		3. 接通电话：值班员点击"行调"按钮，接通电话。
		4. 值班员向行调汇报：列车已全列到达会展中心站上行折返线，轨道0308显示紫光带，申请计轴预复位。
		5. 行调回复：可以预复位。
		6. 结束通话：挂断电话。
2	计轴预复位操作	1. 值班员鼠标指：G0308轨道区段。
		2. 值班员口呼：轨道0308空闲，对轨道0308进行计轴预复位。
		3. 值班员口呼：点击计轴复位，选择"设置"。
		4. 值班员计轴复位按钮操作：值班员右击"计轴复位"按钮，选择"设置"。
		（确认ATS信号控制台的计轴复位灯状态） 5. 值班员鼠标指：计轴复位灯。
		6. 值班员口呼：计轴复位灯红色。
		7. 值班员操作： （1）右击轨道区段G0308； （2）区段菜单内选择"计轴预复位"； （3）确认执行"计轴预复位"命令：选择"确认"； （4）二次确认"区段设备"，在倒计时结束前确认并选择G0308区段并确认。
		8. 值班员鼠标指：G0308轨道区段。
		9. 值班员口呼：轨道0308计轴预复位完成。

序 号	作业程序	作业内容
3	强扳道岔	1. 值班员鼠标指:D0306道岔。
		2. 值班员口呼:6号道岔反位,需强扳定位。
		3. 值班员操作: (1)强扳道岔授权。 ①右击D0306号道岔; ②选择"设置道岔强扳授权"; ③进行二次确认操作; ④等待道岔进入授权有效(道岔显示白色圆圈)状态。 (2)单操道岔至定位。 ①右击D0306号道岔; ②选择"单操定位"; ③点击"确认"。
4	办理引导进路操作	1. 值班员鼠标指:D0306、D0304、D0312道岔。
		2. 值班员口呼:6号、4号、12号道岔处于定位。
		3. 值班员鼠标指:G0308、G0312、G0314区段。
		4. 值班员口呼:轨道0308、轨道0312、轨道0314区段空闲。
		5. 值班员鼠标指:S0320信号机。
		6. 值班员口呼:开放上0320信号机引导信号。
		7. 值班员操作: (1)右击并选择S0320信号机; (2)选择"引导"; (3)点击"确认"。
5	解锁引导进路操作	列车到达上行站台后 1. 值班员鼠标指:G0314区段。
		2. 值班员口呼:列车已全列到达上行站台。
		3. 值班员鼠标指:S0320信号机。
		4. 值班员口呼:解锁上0320信号机引导进路。
		5. 值班员操作: (1)右击并选择S0320信号机; (2)选择"人解进路"; (3)点击"确认"; (4)注意事项:若遗留白光带,则进行解锁白光带。确认该进路内所有光带已解锁,G0308计轴受扰故障排除。

续表

序　号	作业程序	作业内容
6	信息汇报	1. 接通电话:值班员点击"行调"按钮,接通电话。 2. 值班员向行调汇报:会展中心站轨道0308故障紫光带已恢复。 3. 行调回复:收到。 4. 结束通话:挂断电话。

核心素养评价

学生核心素养评价主要是针对行车调度员、行车值班员、站务员三个岗位的评价,而且评价必须体现人文底蕴、科学精神、学习能力、健康生活、责任担当、实践创新等六大方面的核心素养。

1. 专业能力评价

该评价主要通过计算机评价与人工评价相结合的方式进行,具体如表5-4所示。

表5-4　专业能力评价标准

序　号	作业程序	作业内容	配　分	评分标准	评分方式
1	汇报调度	1. 值班员鼠标指:G0308轨道区段。	5	1. 未鼠标指或鼠标指位置错误,扣0.5分。	人工评分
		2. 值班员口呼:轨道0308显示紫光带。		2. 未口呼或口呼错误,扣0.5分。	计算机自动评分
		3. 接通电话:值班员点击"行调"按钮,接通电话。 4. 值班员向行调汇报:列车已全列到达会展中心站上行折返线,轨道0308显示紫光带,申请计轴预复位。		3. 未接通电话进行汇报或汇报错误,扣3分。	计算机自动评分
		5. 行调回复:可以预复位。		4. 未回复或回复错误,扣0.5分	计算机自动评分
		6. 结束通话:挂断电话。		5. 未结束通话,扣0.5分。	计算机自动评分
2	计轴预复位操作	1. 值班员鼠标指:G0308轨道区段。	20	1. 未鼠标指或鼠标指位置错误,扣0.5分。	人工评分
		2. 值班员口呼:轨道0308空闲,对轨道0308进行计轴预复位。		2. 未口呼或口呼错误,扣0.5分。	计算机自动评分
		3. 值班员口呼:点击计轴复位,选择"设置"。		3. 未口呼或口呼错误,扣0.5分。	计算机自动评分

序号	作业程序	作业内容	配分	评分标准	评分方式
2	计轴预复位操作	4. 值班员计轴复位按钮操作：值班员右击"计轴复位"按钮，选择"设置"。	20	4. 未操作或操作错误，扣7.5分	计算机自动评分
		（确认ATS信号控制台的计轴复位灯状态） 5. 值班员鼠标指：计轴复位灯。		5. 未鼠标指或鼠标指位置错误，扣0.5分。	人工评分
		6. 值班员口呼：计轴复位灯红色。		6. 未口呼或口呼错误，扣0.5分。	计算机自动评分
		7. 值班员操作： (1)右击轨道区段G0308； (2)区段菜单内选择"计轴预复位"； (3)确认执行"计轴预复位"命令：选择"确认"； (4)二次确认"区段设备"，在倒计时结束前确认并选择G0308区段并确认。		7. 计轴预复位操作扣分标准： (1)未操作或操作未成功，扣9分； (2)未在设置计轴复位60秒内完成预复位操作，扣9分； (3)以上两项最多扣9分。	计算机自动评分
		8. 值班员鼠标指：G0308轨道区段。		8. 未鼠标指或鼠标指位置错误，扣0.5分。	人工评分
		9. 值班员口呼：轨道0308计轴预复位完成。		9. 未口呼或口呼错误，扣0.5分。	计算机自动评分
3	强扳道岔	1. 值班员鼠标指：D0306道岔。	20	1. 未鼠标指或鼠标指位置错误，扣0.5分。	人工评分
		2. 值班员口呼：6号道岔反位，需强扳定位。		2. 未口呼或口呼错误，每次扣0.5分。	计算机自动评分
		3. 值班员操作： (1)强扳道岔授权。 ①右击D0306号道岔； ②选择"设置道岔强扳授权"； ③进行二次确认操作； ④等待道岔进入授权有效（道岔显示白色圆圈）状态。 (2)单操道岔至定位。 ①右击D0306号道岔； ②选择"单操定位"； ③点击"确认"。		3. 强扳操作，出现以下任意一种情况，扣19分。 (1)未强扳至定位； (2)未在道岔强扳授权时间内完成单操定位； (3)有单锁执行强扳授权； (4)有引导总锁执行强扳授权； (5)有进路占用此道岔区段执行强扳授权； (6)有车占用此区段执行强扳授权； (7)强扳道岔操作该项最多扣19分。	计算机自动评分

序 号	作业程序	作业内容	配 分	评分标准	评分方式
4	办理引导进路操作	1. 值班员鼠标指:D0306,D0304、D0312道岔。	25	1. 未鼠标指或鼠标指位置错误,扣0.5分。	人工评分
		2. 值班员口呼:6号、4号、12号道岔处于定位。		2. 未口呼或口呼错误,扣0.5分。	计算机自动评分
		3. 值班员鼠标指:G0308、G0312、G0314区段。		3. 未鼠标指或鼠标指位置错误,扣0.5分。	人工评分
		4. 值班员口呼:轨道0308、轨道0312、轨道0314区段空闲。		4. 未口呼或口呼错误,扣0.5分。	计算机自动评分
		5. 值班员鼠标指:S0320信号机。		5. 未鼠标指或鼠标指位置错误,扣0.5分。	人工评分
		6. 值班员口呼:开放上0320信号机引导信号。		6. 未口呼或口呼错误,扣0.5分。	计算机自动评分
		7. 值班员操作: (1)右击并选择S0320信号机; (2)选择"引导"; (3)点击"确认"。		7. 引导操作扣分标准: (1)未办理引导进路或未办理成功,扣22分。 (2)因道岔错误导致办理引导进路错误,计轴受扰下的处置该试题直接不及格。	计算机自动评分
5	解锁引导进路操作	(列车到达上行站台后) 1. 值班员鼠标指:G0314区段。	25	1. 未鼠标指或鼠标指位置错误,扣0.5分。	人工评分
		2. 值班员口呼:列车已全列到达上行站台。		2. 未口呼或口呼错误,每次扣0.5分。	计算机自动评分
		3. 值班员鼠标指:S0320信号机。		3. 未鼠标指或鼠标指位置错误,扣0.5分。	人工评分
		4. 值班员口呼:解锁上0320信号机引导进路。		4. 未口呼或口呼错误,每次扣0.5分。	计算机自动评分
		5. 值班员操作: (1)右击并选择S0320信号机; (2)选择"人解进路"; (3)点击"确认"; (4)注意事项:若遗留白光带,则进行解锁白光带。确认该进路内所有光带已解锁,G0308计轴受扰故障恢复。		5. 解锁引导进路操作扣分标准: (1)未成功解锁引导进路,扣23分; (2)试题提交前遗留白光带,每个扣5分,遗留白光带最多扣10分; (3)以上两项最多扣23分; (4)列车未在站台停稳解锁引导进路,计轴受扰下的处置该试题直接不及格。	计算机自动评分
6	信息汇报	1. 接通电话:值班员点击"行调"按钮,接通电话。 2. 值班员向行调汇报:会展中心站轨道0308故障紫光带已恢复。	5	1. 未接通电话进行汇报或汇报错误,扣4分。	计算机自动评分

序　号	作业程序	作业内容	配　分	评分标准	评分方式
6	信息汇报	3. 行调回复:收到。	5	2. 未回复或回复错误,扣0.5分	人工评分
		4. 结束通话:挂断电话。		3. 未结束通话,扣0.5分。	计算机自动评分
合计			100	/	

2. 职业能力评价

职业能力评价主要包含职业信念与职业行为习惯的评价,要培养良好的职业素养,职业能力评价是促进职业信念提升、职业行为习惯养成的一个重要手段。职业能力评价标准见本书附录1。

项目六　道岔故障处置

➤ 项目描述

　　道岔是一种使机车车辆从一组轨道转入另一组轨道的线路连接设备,在轨道线路上起到重要作用,通常在车站、编组站大量铺设。有了道岔,可以充分发挥线路的通过能力。目前存在线路上的道岔具有数量多、构造复杂、寿命短、限制列车速度、行车安全性低、养护维修投入大等特点,因此,道岔与曲线、接头并称为轨道的三大薄弱环节。

　　当道岔出现故障需要修复时,车站工作人员须立即执行相应操作。本项目中同学们将学习道岔单独操作、道岔单独锁闭、道岔单解、手摇道岔等操作。

➤ 学习目标

知识目标：

1. 掌握道岔的组成。

2. 掌握道岔单锁、单解的概念。

3. 掌握道岔编号规则。

4. 掌握手摇道岔六部曲标准。

能力目标：

1. 具备根据道岔尖轨的指向判断道岔开通方向的能力。

2. 具备及时准确地进行道岔转换单独操作的能力。

3. 具备根据行调命令执行道岔单锁、单解操作的能力。

4. 具备熟练快速地完成手摇道岔作业的能力。

素质目标：

1. 通过岗位实践，培养学生严谨细致、一丝不苟、服从领导的职业素质，以及善于总结、力求上进的工作精神。

2. 通过团队合作完成任务，培养学生吃苦耐劳、顾全大局、团结协作的工作态度。

3. 通过岗位情景模拟操作，培养学生规范操作的职业素养和独立思考的自学能力，以及遵守安全操作规程和文明生产的品德与习惯。

任务1 道岔单独操作

任务场景

会展中心站处于车站控制状态,现场无列车占用,会展中心站D0303道岔出现红色闪烁、控制台弹出挤岔报警提示框等场景,如图6-1所示。

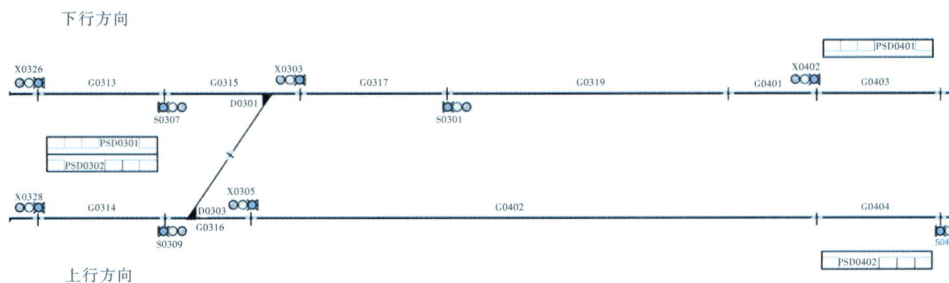

图6-1 场景示意图

任务要求

熟练掌握车站接收控制权操作流程,分小组在实训室内完成本任务,并且要求计算机评分满分。

知识储备

1. 道岔的组成

道岔是一种使机车车辆从一组轨道转入另一组轨道的线路连接设备,也是轨道的薄弱环节之一,通常在车站、编组站大量铺设。有了道岔,可以充分发挥线路的通过能力。

道岔有单开道岔、双开道岔和交分道岔等类型,单开道岔是最常用的道岔。普通单开道岔由三部分组成:转辙器、连接部分、辙叉和护轨,如图6-2所示。

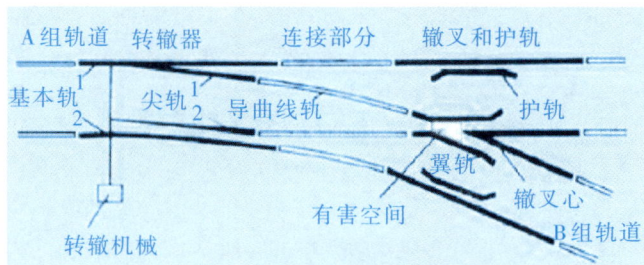

图6-2　单开道岔示意图

2. 道岔开通方向的判断

列车车轮始终卡在两条钢轨内侧，即使列车运行遇到道岔而有多条轨道时，列车车轮仍卡在两条钢轨的内侧并沿着连续的轨道运行。

列车运行时车轮会从道岔尖端与基本轨间的空隙位置通过，沿着连续的钢轨运行，面向道岔尖轨，哪边有开口列车就往哪边运行，因此，判断道岔开通位置的依据是站在尖轨前方，面向尖轨道岔，哪边有开口即开通哪个位置。

3. 道岔的使用

正常情况下道岔采用遥控操作、电气锁闭；在故障情况下，道岔采用现地手摇、人工锁闭。一般来说，道岔的操作由扳道员专人负责，在没有扳道员的车站，可以由站长指定胜任该工作的其他人员进行操作。

任务实施

本任务涉及的岗位有：行车调度员、行车值班员。任务实施流程如表6-1所示。

表6-1　道岔单独操作流程

序号	作业程序	作业内容
1	故障判断及汇报	1. 值班员鼠标指：D0303道岔。
		2. 值班员口呼：3号道岔挤岔报警。
		3. 接通电话：值班员点击"行调"按键，接通电话。
		4. 值班员向行调汇报：3号道岔挤岔报警，请求单扳试验。（至少单扳一个来回）
		5. 行调回复：同意。
		6. 结束通话：挂断电话。
2	办理单扳道岔操作	1. 值班员鼠标指：D0303道岔。
		2. 值班员口呼：单扳3号道岔反位。

续表

序　号	作业程序	作业内容
2	办理单扳道岔操作	3. 值班员操作:右击 D0303 道岔,选择"反操",点击"确认"。 注意事项:道岔单扳前需确认道岔未锁闭、未占用。
		4. 值班员鼠标指:D0303 道岔区段。
		5. 值班员口呼:单扳 3 号道岔定位。
		6. 值班员操作:右击 D0303 道岔,选择"定操",点击"确认"。 注意事项:道岔单扳前需确认道岔未锁闭、未占用。
		7. 值班员鼠标指:D0303 道岔区段。
		8. 值班员口呼:3 号道岔定位显示正常。
3	信息汇报	1. 接通电话:值班员点击"行调"按键,接通电话。
		2. 值班员向行调汇报:3 号道岔定位显示正常。
		3. 行调回复:收到。
		4. 结束通话:挂断电话。

核心素养评价

学生核心素养评价主要是针对行车调度员、行车值班员、站务员三个岗位的评价,而且评价必须体现人文底蕴、科学精神、学习能力、健康生活、责任担当、实践创新等六大方面的核心素养。

1. 专业能力评价

该评价主要通过计算机评价与人工评价相结合的方式进行,具体评价标准如表 6-2 所示。

表 6-2　学业评价标准

序　号	作业程序	作业内容	配　分	评分标准	评分方式
1	故障判断及汇报	1. 值班员鼠标指:D0303 道岔。	20	1. 未鼠标指或鼠标指位置错误,扣 5 分。	人工评分
		2. 值班员口呼:3 号道岔挤岔报警。		2. 未口呼或口呼错误,扣 5 分。	计算机自动评分
		3. 接通电话:值班员点击"行调"按钮,接通电话。		3. 未接通电话进行汇报或汇报错误,扣 8 分。	计算机自动评分
		4. 值班员向行调汇报:3 号道岔挤岔报警,请求单扳试验。(至少单扳一个来回)			

序 号	作业程序	作业内容	配 分	评分标准	评分方式
1	故障判断及汇报	5. 行调回复:同意。	20	4. 未回复或回复错误,扣1分。	人工评分
		6. 结束通话:挂断电话。		5. 未挂断电话,扣1分。	计算机自动评分
2	办理单扳道岔操作	1. 值班员鼠标指:D0303道岔。	70	1. 未鼠标指或鼠标指位置错误,扣5分。	人工评分
		2. 值班员口呼:单扳3号道岔反位。		2. 未口呼或口呼错误,扣5分。	计算机自动评分
		3. 值班员操作:右击D0303道岔,选择"反操",点击"确认"。 注意事项:道岔单扳前需确认道岔未锁闭、未占用。		3. 反操操作,出现以下任意一种情况,扣20分: (1)有单锁执行反操; (2)有进路锁闭此道岔执行反操; (3)有车占用此道岔执行反操; (4)有区段故障锁闭此道岔执行反操; (5)有侧防锁闭此道岔执行反操; (6)反操操作该项最多扣20分。	计算机自动评分
		4. 值班员鼠标指:D0303道岔区段。		4. 未鼠标指或鼠标指位置错误,扣5分。	人工评分
		5. 值班员口呼:单扳3号道岔定位。		5. 未口呼或口呼错误,扣5分。	计算机自动评分
		6. 值班员操作:右击D0303道岔,选择"定操",点击"确认"。 注意事项:道岔单扳前需确认道岔未锁闭、未占用。		6. 定操操作,出现以下任意一种情况,扣20分: (1)有单锁执行定操; (2)有进路锁闭此道岔执行定操; (3)有车占用此道岔执行定操; (4)有区段故障锁闭此道岔执行定操; (5)有侧防锁闭此道岔执行定操; (6)定操操作该项最多扣20分。	计算机自动评分
		7. 值班员鼠标指:D0303道岔区段。		7. 未鼠标指或鼠标指不正确,扣5分。	人工评分
		8. 值班员口呼:3号道岔定位显示正常。		8. 未口呼或口呼不正确,扣5分。	计算机自动评分

序　号	作业程序	作业内容	配　分	评分标准	评分方式
3	信息汇报	1. 接通电话:值班员点击"行调"按钮,接通电话。	10	1. 未接通电话进行汇报或汇报错误,扣8分。	计算机自动评分
		2. 值班员向行调汇报:3号道岔定位显示正常。			
		3. 行调回复:收到。		2. 未回复或回复错误,扣1分。	人工评分
		4. 结束通话:挂断电话。		3. 未结束通话,扣1分。	计算机自动评分
合计			100	/	

2. 职业能力评价

职业能力评价主要包含职业信念与职业行为习惯的评价,要培养良好的职业素养,职业能力评价是促进职业信念提升、职业行为习惯养成的一个重要手段。职业能力评价标准见本书附录1。

任务2 道岔单独锁闭

任务场景

面对的场景如图6-3所示,调度下指令,对12号道岔进行单锁。

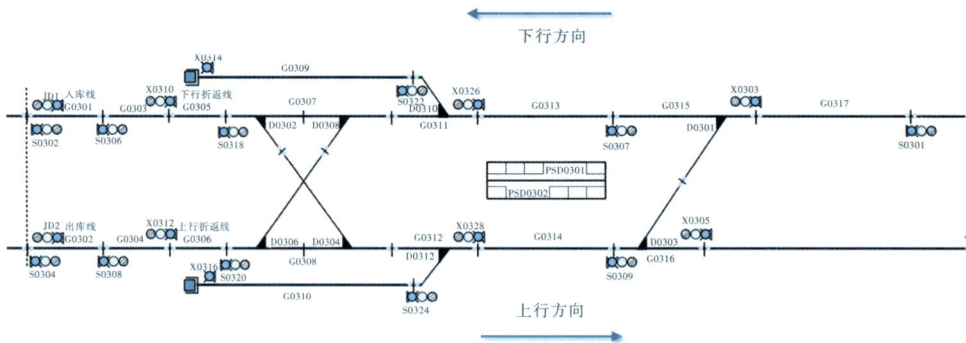

图6-3 场景示意图

任务要求

熟练掌握行车值班员执行道岔单独锁闭操作流程,分小组在实训室内完成本任务,并且要求计算机评分满分。

知识储备

道岔作为铁路线路连接的重要设备,是轨道中最薄弱的环节之一,道岔的转换和锁闭设备直接关系到行车安全。随着铁路运输向高速重载方向的发展,重轨和大号码道岔的采用,对转换设备提出了更高的要求。道岔设备被锁在不能改变的状态叫锁闭。一般我们把利用转辙机锁闭的叫内锁闭,利用机械结构锁闭的叫外锁闭,提速道岔都要求外锁闭。外锁闭能够隔离列车通过时对转换设备的振动和冲击,提高转换设备的寿命和可靠性。

当运行线路出现故障需要进行道岔锁闭操作时,一般有单独锁闭、区段锁闭、进路锁闭和引导总锁闭等四种方式。当道岔单独锁闭后,可通过该锁定位置排列进路,但不能操纵道岔。

任务实施

本项目涉及的岗位有:行车调度员、行车值班员。任务实施流程如表6-3所示。

表6-3　道岔单独锁闭操作流程

序　号	作业程序	作业内容
1	接收命令	1. 接通电话:行调点击"会展中心站"按钮,接通电话。
		2. 行调下命令:12号道岔定位单锁。
		3. 值班员复诵:12号道岔定位单锁,值班员明白。
		4. 结束通话:挂断电话。
2	办理道岔单锁操作	1. 值班员鼠标指:D0312道岔。
		2. 值班员口呼:12号道岔处于定位,需单独锁闭。
		3. 值班员操作: (1)右击D0312道岔; (2)选择"单锁"; (3)点击"确认"。
3	信息汇报	1. 接通电话:值班员点击"行调"按钮,接通电话。
		2. 值班员向行调汇报:12号道岔已单锁定位。
		3. 行调回复:收到。
		4. 结束通话:挂断电话。

核心素养评价

学生核心素养评价主要是针对行车调度员、行车值班员、站务员三个岗位的评价,而且评价必须体现人文底蕴、科学精神、学习能力、健康生活、责任担当、实践创新等六大方面的核心素养。

1. 专业能力评价

该评价主要通过计算机评价与人工评价相结合的方式进行,具体评价标准如表6-4所示。

表6-4　学业评价标准

序号	作业程序	作业内容	配分	评分标准	评分方式
1	接收命令	1. 接通电话：行调点击"会展中心站"按键，接通电话。	20	1. 未接通电话进行通知或通知错误，扣9分。	计算机自动评分
		2. 行调下命令：12号道岔定位单锁。			
		3. 值班员复诵：12号道岔定位单锁，值班员明白。		2. 未接通电话进行复诵或复诵错误，扣10分。	计算机自动评分
		4. 结束通话：挂断电话。		3. 未挂断电话，扣1分。	计算机自动评分
2	办理道岔单锁操作	1. 值班员鼠标指：D0312道岔。	60	1. 未鼠标指或鼠标指位置错误，扣10分。	人工评分
		2. 值班员口呼：12号道岔处于定位，需单独锁闭。		2. 未口呼或口呼错误，扣10分。	计算机自动评分
		3. 值班员操作：(1)右键点击D0312道岔；(2)选择"单锁"；(3)点击"确认"。		3. 未操作或操作错误，扣40分。	计算机自动评分
3	信息汇报	1. 接通电话：值班员点击"行调"按键，接通电话。	20	1. 未接通电话进行汇报或汇报错误，扣18分。	计算机自动评分
		2. 值班员汇报行调：12号道岔已单锁定位。			
		3. 行调回复：收到。		2. 未回复或回复错误，扣1分。	人工评分
		4. 结束通话：挂断电话。		3. 未结束通话，扣1分。	计算机自动评分
合计			100	/	

2. 职业能力评价

职业能力评价主要包含职业信念与职业行为习惯的评价，要培养良好的职业素养，职业能力评价是促进职业信念提升、职业行为习惯养成的一个重要手段。职业能力评价标准见本书附录1。

任务3　道岔单解

任务场景

面对的场景如图6-4所示,调度下指令,对12号道岔解除单锁。

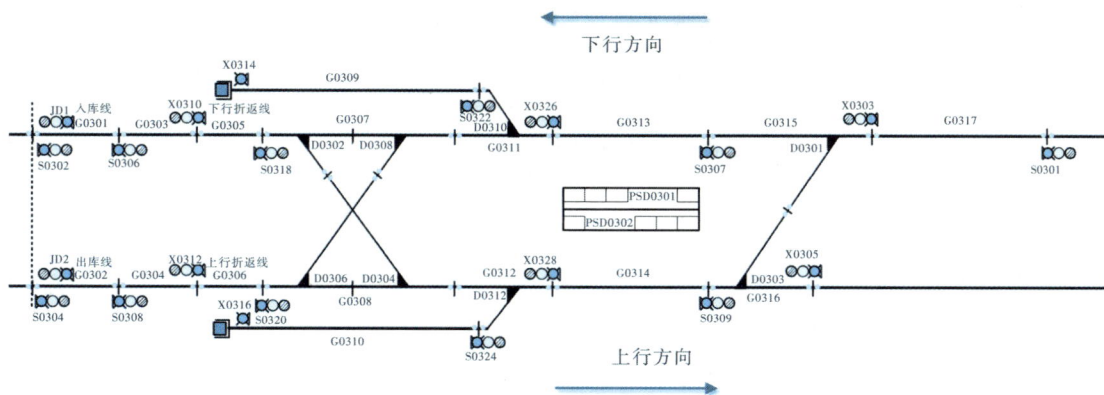

图6-4　场景示意图

任务要求

熟练掌握行车值班员执行道岔单解操作流程,分小组在实训室内完成本任务,并且要求计算机评分满分。

知识储备

1. 道岔单解

对处于单独锁闭(单锁)状态的道岔进行解除锁闭操作,称为道岔单解。

2. 道岔编号

道岔号数以辙叉号数N表示:

$$N = \frac{\cos\alpha}{\sin\alpha} = \cot\alpha$$

辙叉号数与辙叉角呈反比关系:辙叉角α越小,辙叉号数N越大,列车通过道岔的速度尤其是侧向通过道岔的速度也越快。轨道交通正线一般采用9号道岔,车辆段线路一般采用7号道岔。

任务实施

本任务涉及的岗位有:行车调度员、行车值班员。任务实施流程如表6-5所示。

表6-5　道岔单解操作流程

序　号	作业程序	作业内容
1	接收命令	1. 接通电话:行调点击"会展中心站"按钮,接通电话。
		2. 行调下命令:单解12号道岔。
		3. 值班员复诵:单解12号道岔,值班员明白。
		4. 结束通话:挂断电话。
2	办理单解道岔操作	1. 值班员鼠标指:D0312道岔。
		2. 值班员口呼:12号道岔处于定位锁闭,需单解道岔。
		3. 值班员操作。 (1)右击D0312道岔。 (2)选择"单解"。 (3)点击"确定"。 (4)再次点击"是"。 (5)二次确认"单解设备",在倒计时结束前确认,并选择D0312确认。
3	信息汇报	1. 接通电话:值班员点击"行调"按钮,接通电话。
		2. 值班员向行调汇报:12号道岔已解锁。
		3. 行调回复:收到。
		4. 结束通话:挂断电话。
合计		

核心素养评价

学生核心素养的评价主要是针对行车调度员、行车值班员、站务员三个岗位的评价,而且评价必须体现人文底蕴、科学精神、学习能力、健康生活、责任担当、实践创新等六大方面的核心素养。

1. 专业能力评价

该评价主要通过计算机评价与人工评价相结合的方式进行,具体评价标准如表6-6所示。

表6-6 学业评价标准

序号	作业程序	作业内容	配分	评分标准	评分方式
1	接收命令	1. 接通电话：行调点击"会展中心站"按钮，接通电话。 2. 行调下命令：单解12号道岔。	20	1. 未接通电话进行通知或通知错误，扣9分。	计算机自动评分
		3. 值班员复诵：单解12号道岔，值班员明白。		2. 未接通电话进行复诵或复诵错误，扣10分。	计算机自动评分
		4. 结束通话：挂断电话。		3. 未挂断电话，扣1分。	计算机自动评分
2	办理单解道岔操作	1. 值班员鼠标指：D0312道岔。	60	1. 未鼠标指或鼠标指位置错误，扣10分。	人工评分
		2. 值班员口呼：12号道岔处于定位锁闭，需单解道岔。		2. 未口呼或口呼错误，扣10分。	计算机自动评分
		3. 值班员操作。 （1）右击D0312道岔。 （2）选择"单解"。 （3）点击"确定"。 （4）再次点击"是"。 （5）二次确认"单解设备"，在倒计时结束前确认并选择D0312并确认。		3. 未操作或未操作成功，扣40分。	计算机自动评分
3	信息汇报	1. 接通电话：值班员点击"行调"按钮，接通电话。	20	1. 未接通电话进行汇报或汇报错误，扣18分。	计算机自动评分
		2. 值班员向行调汇报：12号道岔已解锁。		2. 未回复或回复错误，扣1分。	人工评分
		3. 行调回复：收到。			
		4. 结束通话：挂断电话。		3. 未结束通话，扣1分。	计算机自动评分
合计			100	/	

2. 职业能力评价

职业能力评价主要包含职业信念与职业行为习惯的评价，要培养良好的职业素养，职业能力评价是促进职业信念提升、职业行为习惯养成的一个重要手段。职业能力评价标准见本书附录1。

任务 4　手摇道岔

任务场景

设备发生故障,会展中心站管辖范围内的3号道岔需进行手摇道岔作业转换道岔开通方向,实现列车运行组织。

任务要求

将道岔从当前位置手摇至另一位置。手摇道岔为两人作业,所有操作需要执行双人确认,作业时间为5分钟。

知识储备

正常情况下,道岔采用遥控操作、电气锁闭;在故障情况下,道岔采用现地手摇、人工锁闭。

一般来说,道岔的操作由扳道员专人负责,在没有扳道员的车站,可以由站长指定能胜任该工作的其他人员进行操作。

手摇道岔过程应严格遵守工作标准。某地铁公司的手摇道岔六部曲工作标准如表6-7所示。

表6-7　某地铁公司手摇道岔六部曲工作标准

步　　骤	要　　点	具 体 要 求
一看	看道岔开通位置是否正确,是否需要改变位置。	到达现场后,遵循从远到近的原则,两人一起到离列车最远的道岔区段,双人确认该道岔的位置是否开通到需要的方向,"是"则到进路中的下一个道岔,"否"则进行摇动道岔的操作。
二开	打开盖孔板,如果有加工锁器,则需打开钩锁器的锁,拆下钩锁器。	(1)找到转辙机侧边的切断电源插口; (2)旋开切段电源插孔小盖板; (3)将蝶形钥匙有突起的一端向下插入切断电源插口; (4)将蝶形钥匙逆时针旋转90°切断电源; (5)找到转辙机正面或后面的手摇把插孔盖板; (6)将蝶形钥匙方口一端插入盖板; (7)将蝶形钥匙顺时针旋转90°后向上打开盖板。

续表

步　骤	要　点	具体要求
三摇	摇道岔转向到所需的位置,在听到"咔嚓"的落槽声后停止。	(1)双手握住手摇把旋杆水平插入转辙机中,同时左右转动手摇把,直到手摇把杆前端的方孔与转辙机内的方柱套牢。 (2)插入并旋转手摇把时要始终向里用力。 (3)顺时针旋转手摇把,时间轨向离开转辙机方向运动;逆时针旋转手摇把,时间轨向转辙机方向运动。 (4)不断旋转手摇把直至听到"咔嚓"一声落槽声。
四确认	手指尖轨,尖轨密贴开通×位,并和另一人共同确认。	(1)确认开通方向的人员在听到"咔嚓"一声落槽声后,向摇动道岔的人员汇报,道岔摇动完毕后开始确认工作。 (2)确认尖轨密贴后大声确认道岔开通右位(左位),尖轨密贴。 (3)手摇道岔人员复诵道岔开通右位(左位),尖轨密贴。
五加锁	双人确认道岔位置开通正确后用钩锁器锁定道岔尖轨。	(1)确认人员使用钩锁器,在道岔的两个连接杆之间都锁住密贴位置。 (2)拧紧钩锁器后,左右摇动钩锁器,若能摇动则再次拧紧,若无法摇动则加锁。
六汇报	向车控室汇报道岔开通位置正确。	确认道岔加锁完毕后,摇道岔人员使用对讲机或隧道电话向车控室报告该道岔现在开通的位置。

任务实施

本项目的作业时间为5分钟。手摇道岔为两人作业,所有操作需要执行双人确认。任务实施流程如表6-8所示。

表6-8　手摇道岔操作流程

序　号	作业程序		作业内容
1	接收命令		1. 车控室值班员布置作业:请准备手摇道岔工具,进入岔区。检查3号道岔。
			2. 手摇道岔作业人员复诵(2号):检查3号道岔,明白。
2	手摇道岔工具		必须携带的道岔工具: 1. 对讲机　2. 信号灯　3. 锁钥匙　4. 钩锁器及扳手 5. 钩锁器锁及钥匙　6. 手摇把　7. 反光背心
3	手摇道岔一次作业流程	一检查	1. 眼看(1号和2号):看当前准备操作的道岔位置与状态。
			2. 手指口呼(1号):道岔位置(定位/反位/左向位/右向位/直向位/四开位置)。
			3. 手指口呼复诵(2号):道岔位置(定位/反位/左向位/右向位/直向位/四开位置)。

续表

序　号	作业程序		作业内容
3	手摇道岔一次作业流程	一检查	4. 眼看(1号和2号):看准备操作的道岔有无加钩锁器。
			5. 手指口呼(1号):道岔无/有钩锁器。
			6. 手指口呼复诵(2号):道岔无/有钩锁器。
			7. 眼看(1号和2号):看尖轨与基本轨间滑床板有无异物。
			8. 手指口呼(1号):尖轨与基本轨间滑床板无/有异物。
			9. 手指口呼复诵(2号):尖轨与基本轨间滑床板无/有异物。
			10. 向车控室值班员汇报(2号):经检查,3号道岔无异物,处于定位/反位。
			11. 车控室下发办理进路命令:请手摇3号道岔至反位/定位并加钩锁器。
			12. 手摇道岔作业人员复诵(2号):手摇3号道岔至反位/定位并加钩锁器,明白。
		二手摇	1. 作业动作(1号):用锁钥匙打开套筒锁。
			2. 作业动作(1号):打开遮断器。
			3. 作业动作(1号):将手摇柄插入转辙机中,根据现场情况需求,采取顺时针或逆时针转动手摇柄。
			4. 作业动作(1号):转动手摇柄至听到转辙机内发出"咔嚓"声为止。
		三确认	1. 作业动作(1号和2号):确认转辙机已操作到位。
			2. 手指口呼(1号):手指转辙机,口呼听到"咔嚓"声。
			3. 手指口呼复诵(2号):手指转辙机,口呼听到"咔嚓"声。
			4. 作业动作(1号和2号):确认道岔已密贴。
			5. 手指口呼(1号):尖轨与基本轨密贴。
			6. 手指口呼复诵(2号):尖轨与基本轨密贴。
			7. 作业动作(1号):加装钩锁器。
			8. 手指口呼(2号):钩锁器加装完毕后,向值班员汇报,3号道岔已手摇至反/定位,道岔密贴已加钩锁器。
			9. 车控室回复:收到。
			判断标准: (1)道岔(除三开道岔)钩锁器应安装于尖轨与基本轨密贴侧第一、第二块滑床板之间位置; (2)钩锁器安装到位后应确保该钩锁器不松动。

续表

序　号	作业程序		作业内容
3	手摇道岔一次作业流程	三确认	10. 作业动作(1号和2号):现场工器具清理(工器具不得影响行车安全)。
			11. 手指口呼(2号):手摇道岔作业人员确认进路中所有道岔开通位置正确且锁闭后,操作者向值班员汇报:道岔开通位置正确且锁闭,进路正确。
		其他要求	1. 车控室下达命令:请在3号道岔防护信号机安全位置处显示手信号。
			2. 手摇道岔作业人员复诵(2号):在3号道岔防护信号机安全位置处显示手信号,明白。
			3. 作业动作(1号和2号):根据值班员命令,站于安全位置。
			4. 作业动作(1号):面对来车方向,向接近列车显示手信号(原则:站立位置错误或面向方向错误扣5分;显示红灯扣5分,其他不扣分)。

核心素养评价

学生核心素养评价主要是针对行车调度员、行车值班员、站务员三个岗位的评价,而且评价必须体现人文底蕴、科学精神、学习能力、健康生活、责任担当、实践创新等六大方面的核心素养。

1. 专业能力评价

该评价主要通过人工评价的方式进行,具体评价标准如表6-9所示。

表6-9　学业评价标准

序　号	评分要素		评分标准(全部人工评分)	配　分
1	关键考核点		发生以下任何一项错误,直接淘汰:(需在下面钩选对应项目) 1. 道岔位置判断错误。□	直接淘汰
			2. 不能确认手摇道岔到位。□	
			3. 发生违反设备安全和人员安全的操作。□	
2	接收命令		1. 车控室值班员布置作业:请准备手摇道岔工具,进入岔区。检查3号道岔。	1
			2. 手摇道岔作业人员复诵(2号):检查3号道岔,明白。	1
3	手摇道岔工具		必须携带的道岔工具: 1. 对讲机　2. 信号灯　3. 锁钥匙　4. 钩锁器及扳手 5. 钩锁器锁及钥匙　6. 手摇柄　7. 反光背心 考评:每漏带一件工具扣1分;在第4项和第5项中少一项扣1分。	7
4	手摇道岔一次作业流程	一检查	1. 眼看(1号和2号):看当前准备操作的道岔位置与状态。	2

序　号	评分要素		评分标准（全部人工评分）	配　分
4	手摇道岔一次作业流程	一检查	2. 手指口呼（1号）：道岔位置（定位/反位/左向位/右向位/直向位/四开位置）。	3
			3. 手指口呼复诵（2号）：道岔位置（定位/反位/左向位/右向位/直向位/四开位置）。	3
			4. 眼看（1号和2号）：看准备操作的道岔有无加钩锁器。	2
			5. 手指口呼（1号）：道岔无/有钩锁器。	3
			6. 手指口呼复诵（2号）：道岔无/有钩锁器。	3
			7. 眼看（1号和2号）：看尖轨与基本轨间滑床板有无异物。	2
			8. 手指口呼（1号）：尖轨与基本轨间滑床板无/有异物。	3
			9. 手指口呼复诵（2号）：尖轨与基本轨间滑床板无/有异物。	3
			10. 向车控室值班员汇报（2号）：经检查，3号道岔无异物，处于定位/反位。	2
			11. 车控室下发办理进路命令：请手摇3号道岔至反位/定位并加钩锁器。	2
			12. 手摇道岔作业人员复诵（2号）：手摇3号道岔至反位/定位并加钩锁器，明白。	2
		二手摇	1. 作业动作（1号）：用锁钥匙打开套筒锁。	4
			2. 作业动作（1号）：打开遮断器。	3
			3. 作业动作（1号）：将手摇柄插入转辙机中，根据现场情况需求，采取顺时针或逆时针转动手摇柄。	7
			4. 作业动作（1号）：转动手摇柄至听到转辙机内发出"咔嚓"声为止。	8
		三确认	1. 作业动作（1号和2号）：确认转辙机已操作到位。	2
			2. 手指口呼（1号）：手指转辙机，口呼听到"咔嚓"声。	2
			3. 手指口呼复诵（2号）：手指转辙机，口呼听到"咔嚓"声。	2
			4. 作业动作（1号和2号）：确认道岔已密贴。	2
			5. 手指口呼（1号）：尖轨与基本轨密贴。	2
			6. 手指口呼复诵（2号）：尖轨与基本轨密贴。	2
			7. 作业动作（1号）：加装钩锁器。	5
			8. 手指口呼（2号）：钩锁器加装完毕后，向值班员汇报，3号道岔已手摇至反/定位，道岔密贴已加钩锁器。	3
			9. 车控室回复：收到。	1

序 号	评分要素		评分标准（全部人工评分）	配 分
4	手摇道岔一次作业流程	三确认	判断标准： (1)道岔(除三开道岔)钩锁器应安装于尖轨与基本轨密贴侧第一、第二块滑床板之间位置； (2)钩锁器安装到位后应确保该钩锁器不松动。	/
			10. 作业动作(1号和2号)：现场工器具清理(工器具不得影响行车安全)。	4
			11. 手指口呼(2号)：手摇道岔作业人员确认进路中所有道岔开通位置正确且锁闭后，操作者向值班员汇报：道岔开通位置正确且锁闭，进路正确。	3
		其他要求	1. 车控室下达命令：请在3号道岔防护信号机安全位置处显示手信号。	1
			2. 手摇道岔作业人员复诵(2号)：在3号道岔防护信号机安全位置处显示手信号，明白。	2
			3. 作业动作(1号和2号)：根据值班员命令，站于安全位置。	3
			4. 作业动作(1号)：面对来车方向，向接近列车显示手信号(原则：站立位置错误或面向方向错误扣5分；显示红灯扣5分，其他不扣分)。	5
合 计				100

2. 职业能力评价

职业能力评价主要包含职业信念与职业行为习惯的评价，要培养良好的职业素养，职业能力评价是促进职业信念提升、职业行为习惯养成的一个重要手段。职业能力评价标准见本书附录1。

项目七　火灾处置

▶ 项目描述

车站发生火灾事故后,就近岗位人员应迅速查明发生的时间、地点、简要情况等,并立即向值班站长及行车值班员报告。

行车值班员接到火灾报告后应立即向行车调度员、公安、站区领导及客运公司生产值班室报告,必要时可拨打火警电话报警。

行车值班员还应利用各种广播设备做好宣传工作,稳定乘客情绪,引导乘客迅速有序地疏散出站。

▶ 学习目标

知识目标:

1. 熟悉车站火灾应急预案及操作流程。

2. 了解灭火器的种类和使用范围。

3. 掌握乘客指引的双语广播用语。

能力目标:

1. 具备根据地铁车站不同的火灾场景,正确快速地选择灭火器进行灭火的能力。

2. 具备熟练地进行站台A端火灾应急处置操作的能力。

3. 具备熟练地进行站厅A端火灾应急处置操作的能力。

素质目标:

1. 使学生牢固树立安全第一的服务意识。

2. 通过岗位实践,培养学生善于听取他人意见、遵守操作规程和规章制度、诚恳敬业的职业行为与素养。

3. 通过团队合作完成任务,培养学生的团队意识、创新能力。

4. 通过岗位模拟操作,培养学生一丝不苟、精益求精的工匠精神与职业道德。

任务1 站台火灾应急处置

任务场景

车站综合监控系统(模拟器)显示站台 A 端 2 个烟感报警。

任务要求

观察到火灾报警时能及时做出反应,熟练进行火灾应急处置操作。

知识储备

城市轨道交通车站制订火灾应急预案的目的,就是在车站发生火灾事故时能够采取及时、有效的措施,将火灾事故的影响范围减少到最小、损失降到最低。

城市轨道交通车站火灾应急预案一般适用于地铁所属车站范围内发生火灾事故,且火势较大、仅凭车站力量无法扑灭时的应急处理。

当城市轨道交通车站发生火灾须进行应急处理时应遵从五大基本原则。

一是集中领导、统一指挥原则。车站火灾事故发生后,应急指挥部全权负责对事故进行应急处置,所有部门必须无条件服从应急指挥部的统一调动指挥。

二是协同作战、统一行动原则。扑救车站火灾,各部门既要各司其职又要加强协同,做到整个灭火救援现场一盘棋,相互之间要密切配合、协调一致,提高灭火救援效能。

三是强调第一时间出动原则。发生火灾事故时,各岗位应迅速行动,积极抢险,力争将火灾事故损失降到最低。

四是坚持"救人第一"原则。开展灭火救援行动,必须坚持以人为本,正确处理救人和其他灭火救援行动的关系,把保障乘客、人员的生命安全放在首位。

五是坚持自救和外援相结合原则。扑救车站火灾要充分利用内部固定消防设施,积极疏散、抢救人员,有效控制火势,扑灭火灾。

当城市轨道交通车站发生火灾须进行应急处置时,其工作规范包含以下几部分。

1. 成立地铁车站火灾应急处理指挥机构

(1)应急指挥部的组织架构。

总指挥:一般由运营公司总经理担任。

副总指挥:一般由运营公司副总经理以及地铁公安分局领导担任。

成员:一般由控制中心、客运部、安全稽查部、行车设备部、车站设备部、车辆部、综合部负责人、事发车站负责人以及地铁分局派出所领导组成。

(2)应急指挥部的工作职责。

①负责灭火救援工作的组织、指挥、决策。

②贯彻上级部门的各项指示、命令,保持与上级部门及事故现场通信联系,及时向上级汇报现场情况。

③组织恢复地铁设备,尽快恢复正常运营秩序。

④组织现场的勘察、取证。

(3)成立现场指挥部。

当车站发生火灾时,应急指挥部一般立即成立一个现场指挥部,以保证对火灾现场及时、有效地进行处理。

现场指挥部的组长一般由运营公司主管运输、安全的副经理担任;副组长一般由控制中心、客运部、安全稽查部、行车设备部、车站设备部、车辆部、综合部负责人、地铁分局派出所领导担任;其组员一般由各相关中心(分部)负责人、事发车站负责人、各相关部门专业工程师等组成。

现场指挥部的工作职责一般包含以下几方面。

①负责火灾现场的灭火、救援组织指挥工作,贯彻执行上级指挥部的各项指示、命令,及时向上级指挥部汇报现场情况。

②负责与地铁公安人员、消防力量一道,积极疏散乘客,营救被困人员,抢救财产,控制、扑救火灾。

③负责配合医疗人员,做好现场救治和伤病员转运。

④负责做好灭火救援所需物资供给及灭火救援人员饮食、饮用水等保障工作。

⑤负责配合地铁公安人员,维护现场秩序,保护好现场,做好现场勘察、调查取证工作。

⑥负责修复已经损坏的设备,积极组织开通,恢复正常运营秩序。

2. 应急信息报告

（1）报告原则。

①迅速、准确、真实、简单明了、逐级上报的原则。

②分公司内部及协作单位并举的原则。

（2）报告事项。

①发生时间（月、日、时、分）。

②发生地点。

③火灾事故概况及原因。

④车站人员情况及伤亡情况。

⑤车辆、线路等地铁设备损坏情况。

⑥其他必须说明的事项。

（3）报告程序。

第一，车站安全员在接到乘客火灾报告或发现火灾后，立即报告车控室或车站值班员；通过FAS发现并确定火警位置，通知车站安全员立即赶赴现场确认，车站安全员现场确认后，将火灾情况报车控室。

第二，行车值班员接到车站安全员报告后，立即向行调、值班站长、站长报告火灾情况，并报告119火警、120急救中心、地铁公安分局、驻站工班人员；值班站长接到车站值班员通知后，协助通知相关人员。

第三，控制中心行调接到报告后立即报告值班主任、主任，并上报应急指挥部，值班主任接到行车调度员通知后，协助通知相关人员。

第四，应急指挥部人员在接到控制中心关于发生火灾事故的报告后，必须在10分钟内集结，赶往事故现场。在到达现场前，由车站站长担任负责人（站长不在车站时，由值班站长担任），组织现场乘客疏散、灭火工作，并与控制中心保持联络，随时上报火灾变化情况，待应急指挥部人员、公安人员和消防队员到达现场后，负责介绍情况，并听从指挥。

第五，分公司安委会接到报告后立即报告总公司安委会，总公司安委会办公室必须在2个小时内向市委、市政府报告。

3. 现场人员安排

（1）应急指挥部人员应立即赶赴各自工作地点，总经理在OCC，副总经理在事故现场。

（2）各相关部门、中心（分部）负责人及有关人员应立即赶赴各自工作地点，同时做好本部门、中心（分部）的人员、工具、备品等的组织安排工作。

具体地点为：

①控制中心主任在OCC。

②客运部负责人在OCC,副部长在事故现场。

③车辆部负责人在OCC,副部长在事故现场。

④车站设备部负责人在OCC,副部长在事故现场。

⑤行车设备部负责人在OCC,副部长在事故现场。

⑥安全稽查部负责人在事故现场。

⑦综合部负责人在事故现场。

⑧乘务、站务、设施、设备中心(车间)负责人在事故现场。

⑨地铁分局派出所领导在事故现场。

4. 应急处理

应急处理的原则是反应迅速、报告及时、密切配合、全力以赴、疏散乘客、排除险情、减少损失、尽快恢复运营。

(1)站厅发生火灾处理程序。

①值班站长。

第一,向车控室下达紧急疏散指令。

第二,组织人员使用灭火器进行灭火,控制火势蔓延。

第三,领导客运值班员、售票员、站厅巡检员、公安、保安、驻站工班人员组织站厅乘客往站外疏散,阻止乘客下站台。

第四,确认将站厅乘客全部疏散出站后,报告车控室。

第五,组织并确认全部站台、站厅员工往站外撤离。

第六,火灾扑灭后,组织员工清理现场。

第七,具备开通条件后,恢复运营服务。

②行车值班员。

第一,接到值班站长下达的紧急疏散指令后,立即向全体员工进行火灾广播,宣布"紧急疏散指令"。

第二,将全站扶梯紧停旋钮打到紧急关闭。

第三,关闭广告灯箱电源。

第四,联系环控调度,根据指示在BAS上设置执行相应的排烟模式。

第五,加强与行调联系,及时将火灾变化情况向行调报告。

第六,布置站台安全员组织站台乘客全部上车。

第七,接到值班站长通知站厅乘客已全部离站后报告行调。

第八,接到站台安全员通知站台乘客已全部上车后报告行调。

第九,及时将消防队的灭火情况报告行调。

第十,从安全方向撤离出站。

第十一,火扑灭后进行现场清理,清理完毕后报告行调,并按行调指示恢复运营服务。

③行车调度员。

第一,指示车站停止服务。

第二,向全线客车通报火灾情况,要求司机做好客车广播工作。

第三,接到车站值班员站台乘客已全部上车汇报后,通知后面各次客车一律通过该站。

第四,加强与车站联系,随时掌握乘客疏散、消防灭火情况,做好信息的搜集、上报工作。

第五,接到车站火灾已扑灭、现场清理完毕报告后,如符合开通条件,则指示恢复运营。

④司机。

第一,客车到达该站前,司机做好阻止乘客下车的客车广播工作。

第二,接到行调命令后从该站通过,并做好客车广播工作。客车到达该站前,司机做好阻止乘客下车的客车广播工作。

⑤客运值班员。

第一,接到紧急疏散指令后,在SC上执行命令使所有进出闸机处于自由进出状态,关闭车站的所有TVM。如设置无效,则通知行车值班员转动车控室操作台上的AFC紧急疏散旋钮。

第二,组织售票员、站厅巡检员快速疏散乘客。

第三,乘客疏散完毕后,关闭紧急出入口以外的其他出入口。

第四,从安全方向撤离出站。

第五,接到行车值班员恢复运营的指令后,对SC进行设置,开放进出闸机,恢复服务工作。

⑥售票员。

第一,接到紧急疏散指令后,停止售票,收好票款。

第二,到出入口张贴暂停服务公告,打开员工通道,将乘客疏散出站,阻止乘客进站乘车。

第三,将站厅全部乘客疏散出站,引导消防队进站灭火。

第四,从安全方向撤离出站。

第五,火灾扑灭后,清理现场,撤除暂停服务公告,恢复服务。

⑦站厅巡检员。

第一,接到紧急疏散指令后,引导站厅乘客从未受火灾影响处疏散出站。

第二,使用灭火器进行灭火,控制火势蔓延。

第三,从安全方向撤离出站。

第四,按值班站长指示清理现场,恢复服务。

⑧站台安全员。

第一,接到紧急疏散指令后,组织站台乘客上车。

第二,检查确认站台没有遗留乘客后报告车控室。

第三,阻止站厅乘客下站台乘车。

第四,从安全方向撤离到站外或乘车到下一站。

第五,火灾扑灭后,按值班站长指示清理现场,恢复服务。

⑨公安/保安/驻站工班人员。

第一,接到紧急疏散指令后,到站厅协助灭火。

第二,组织站厅乘客往站外疏散,阻止乘客下站台。

第三,从安全方向撤离出站。

第四,火灾扑灭后,保安人员按值班站长指示清理现场,恢复服务,公安人员组织调查火灾原因。

(2)站台发生火灾的处理程序。

①值班站长。

第一,向车控室下达紧急疏散指令。

第二,组织人员使用灭火器进行灭火,控制火势蔓延。

第三,领导站厅巡检员、站台安全员、公安、保安、驻站工班人员组织站台乘客从未受火灾影响端往站厅疏散。

第四,与站厅巡检员、站台安全员、公安、保安、驻站工班人员确认已将站台乘客全部疏散到站厅后,通知车控室。

第五,组织并确认全部站台员工往站厅撤离。

第六,火灾扑灭后,组织员工清理现场。

第七,具备开通条件后,恢复运营服务。

②行车值班员。

第一,接到值班站长下达的紧急疏散指令后,立即向全体员工进行火灾广播,宣布"紧急疏散指令"。

第二,将全站扶梯紧停旋钮打到紧急关闭。

第三,关闭广告灯箱电源。

第四,联系环控调度,根据指示在BAS上设置执行相应的排烟模式。

第五,加强与行调联系,及时将火灾变化情况向行调报告。

第六,接到值班站长通知站台乘客已全部疏散到站厅后报告行调。

第七,接到客运值班员通知已将站厅乘客全部疏散出站后报告行调。

第八,及时将消防队的灭火情况报告行调。

第九,火扑灭后进行现场清理,清理完毕后报告行调,并按行调指示恢复运营服务。

③行车调度员。

第一,接到火灾报告后,指示车站停止服务。

第二,向全线客车通报火灾情况,要求司机做好客车广播工作。

第三,根据情况安排客车两端车站扣车或命令客车通过该站。

第四,加强与车站联系,随时掌握乘客疏散、消防灭火情况,做好信息的搜集、上报工作。

第五,接到车站火灾已扑灭、现场清理完毕报告后,如符合开通条件,则指示恢复运营。

④司机。

接到行调在两端车站扣车或在该站通过命令后,做好客车广播工作。

⑤客运值班员。

第一,接到紧急疏散指令后,在SC上执行命令使所有进出闸机处于自由进出状态,关闭车站的所有TVM。如设置无效,则通知行车值班员转动车控室操作台上的AFC紧急疏散旋钮。

第二,组织售票员快速疏散乘客,确认将站厅乘客全部疏散出站后,通知车控室。

第三,乘客疏散完毕后,关闭紧急出入口以外的其他出入口。

第四,火灾扑灭后,清理现场。

第五,接到行车值班员恢复运营的指令后,对SC进行设置,开放进出闸机,组织售票员恢复服务工作。

⑥售票员。

第一,接到紧急疏散指令后,停止售票,收好票款。

第二,到出入口张贴暂停服务公告,阻止乘客进站乘车。

第三,将站厅全部乘客疏散出站,引导消防队进站灭火。

第四,火灾扑灭后,清理现场。

第五,得到行车值班员恢复运营的指令后,撤除暂停服务公告,恢复服务。

⑦站厅巡检员。

第一,接到紧急疏散指令后,迅速到站台指引乘客向站厅疏散出站。

第二,阻止站厅乘客下站台乘车。

第三,使用灭火器进行灭火,控制火势蔓延。

第四,从安全方向撤离到站厅。

第五,按值班站长指示清理现场,恢复服务。

⑧站台安全员。

第一,接到紧急疏散指令后,组织引导站台乘客从未受火灾影响一端往站厅疏散。

第二,阻止站厅乘客下站台乘车。

第三,使用灭火器进行灭火,控制火势蔓延。

第四,从安全方向撤离到站厅。

第五,按值班站长指示清理现场,恢复服务。

⑨公安/保安/驻站工班人员。

第一,接到紧急疏散指令后,到站台协助灭火。

第二,组织引导站台乘客往站厅疏散。

第三,从安全方向撤离到站厅。

第四,火灾扑灭后,保安人员按值班站长指示清理现场,恢复服务,公安人员组织调查火灾原因。

5. 注意事项

(1)所有参加灭火、疏散、救援的人员应穿戴、携带好安全防护用品,加强个人安全防护。

(2)处理好灭火与撤离的关系,乘客疏散后尽快撤离,避免造成人员伤亡。

(3)加强对出入口的控制,只能出,不能进入。

(4)开启广播系统通知疏散,要稳定人员情绪,明确提示疏散方向,以免造成疏散秩序混乱。

(5)有大量人员待疏散时,火灾扑救中应尽可能不用七氟丙烷、二氧化碳等有窒息性或毒性大的灭火剂。

(6)车站电缆电线密布,火灾时灭火、救援的人员要严防发生触电事故。

(7)火灾扑灭后,要及时清点人数,检查火场,防止复燃。

6. 其他要求

(1)安全稽查部负责定期组织演练。

(2)各部门、中心(分部)根据本预案制订相应级别预案,并定期组织演练。

任务实施

本任务涉及的岗位有:行车调度员、值班站长、行车值班员、环调等。任务实施流程如表7-1所示。

表 7-1　站台 A 端火灾应急处置流程

序　号	作业程序	作业内容
1	确认火灾报警	综合监控系统发出火灾报警信息。 1. 值班员作业：点击"综合监控系统—火灾报警—站台报警—公共区"查看报警烟感位置。
		2. 值班员鼠标指：报警的烟感设备。
		3. 值班员口呼：站台 A 端火灾报警。
		4. 值班员对讲机向值班站长汇报：值班站长，站台 A 端火灾报警，请立即确认。
		5. 值班站长回复：站台 A 端火灾报警，立即确认，值班站长明白。
		6. 值班员作业：操作综合监控系统—视频监控系统查看火情。
		7. 值班员手指：站台 A 端扶梯。
		8. 值班员口呼：站台 A 端扶梯着火。
2	组织灭火	1. 值班员对讲机通知：站厅站务员、安检员、保洁员立即到站台 A 端灭火。
		2. 站务员回复：收到。
3	确认火灾模式启动	1. 值班员作业：点击"综合监控系统—机电—模式"查看环控系统站台火灾模式联动执行成功。
		2. 值班员鼠标指：站台公共区火灾模式。
		3. 值班员口呼：站台火灾模式执行成功。
4	汇报火灾情况	1. 接通电话：值班员点击"环调"按钮，接通电话。 2. 值班员向环调汇报：环调，会展中心站站台 A 端扶梯着火，正组织灭火，环控火灾模式已启动。
		3. 环调复诵（机器人自动复诵）。
		4. 结束通话：挂断电话。
		5. 接通电话：值班员点击"行调"按钮，接通电话。 6. 值班员向行调汇报：行调，会展中心站站台 A 端扶梯着火，正组织灭火，申请上下行列车不停站通过。
		7. 行调复诵：会展中心站站台 A 端扶梯着火，正组织灭火，申请上下行列车不停站通过，行调明白。
		8. 结束通话：挂断电话。
		9. 行调设置会展中心站上下行站台跳停。
		10. 接通电话：值班员点击"其他"按钮，接通电话。 11. 值班员向 119 汇报：119，地铁会展中心站站台发生电气火灾，请支援灭火。
		12. 119 回复：收到（机器人自动回复）。

续表

序　号	作业程序	作业内容
4	汇报火灾情况	13. 结束通话:挂断电话。
		14. 接通电话:值班员点击"其他"按钮,接通电话。 15. 值班员向公安110汇报:派出所,地铁会展中心站站台发生电气火灾,请协助处置。
		16. 110回复:收到(机器人自动回复)。
		17. 结束通话:挂断电话。
		18. 接通电话:值班员点击"其他"按钮,接通电话。 19. 值班员汇报120:120,地铁会展中心站站台发生火灾,请支援。
		20. 120回复:收到。(机器人自动回复)
		21. 结束通话:挂断电话。
5	组织疏散	1. 值班员询问现场:值班站长,火灾是否可以扑灭?
		2. 值班站长回复:控制室,火灾无法扑灭,立即组织全站疏散。
		3. 值班员复诵:火灾无法扑灭,立即组织全站疏散。
		4. 值班员确认广播:通过"综合监控系统"及耳听,确认"火灾紧急疏散广播"是否循环播放。
		5. 值班员口呼:疏散广播未联动播放。
		6. 值班员人工双语广播(各一次):各位乘客请注意,由于车站出现紧急情况,请保持镇静,听从车站人员指引,迅速离开本站。 Dear passengers, due to the emergency, please stay calm and follow the guidance of our staff to leave the station quickly.
		7. 值班员确认闸机:通过视频监控系统确认闸机已处于全开状态。(闸机未能联动打开)
		8. 值班员手指眼看:闸机。
		9. 值班员口呼:闸机未能联动打开。
		10. 值班员作业:在IBP盘操作闸机紧急释放。
		11. 值班员手指眼看:闸机。
		12. 值班员口呼:闸机已全开。
		13. 值班员确认门禁:通过IBP盘确认门禁已联动全开。
		14. 值班员手指:门禁指示灯。

续表

序　号	作业程序	作业内容
5	组织疏散	15. 值班员口呼:门禁已全开。
		16. 值班员确认电梯:通过综合监控系统—机电—电扶梯确认扶梯全停,直梯已停在站厅层处于停用且开门状态(停用状态)。
		17. 值班员手指:综合监控—机电—电扶梯界面中的扶梯、直梯。
		18. 值班员口呼:扶梯、直梯已停梯。
6	汇报疏散情况	1. 接通电话:值班员点击"行调"按钮,接通电话。 2. 值班员向行调汇报:会展中心站站台火灾无法扑灭,现组织全站疏散,申请关闭本站,列车不经过本站站台。
		3. 行调复诵:会展中心站站台火灾无法扑灭,现组织全站疏散,申请关闭本站,列车不经过本站站台,行调明白。
		4. 值班员结束通话:挂断电话。
		5. 行调设置世纪大道站下行站台扣车。
		6. 值班员作业:确认上下行区间或站台均无列车时,在IBP盘操作打开上行站台门排烟。
		7. 值班员确认站台门:通过视频监控系统确认对应侧站台门已打开。
		8. 值班员手指眼看:视频监控系统中的站台门。
		9. 值班员口呼:上行站台门已打开。
		10. 值班员确认隧道排烟:通过综合监控系统确认隧道排烟启动正确。
		11. 值班员手指:隧道排烟设备。
		12. 值班员口呼:隧道排烟模式启动正确。
		13. 疏散完毕(系统给出提示)。
7	本岗位疏散	1. 接通电话:值班员点击"行调"按钮,接通电话。 2. 值班员向行调汇报:会展中心站已疏散完毕,119、120、公安已到站,现场移交119处置。
		3. 行调复诵:会展中心站已疏散完毕,119、120、公安已到站,现场移交119处置,行调明白。
		4. 结束通话:挂断电话。
		5. 值班员穿好消防战斗服。

核心素养评价

学生核心素养评价主要是针对行车调度员、行车值班员、站务员三个岗位的评价，而且评价必须体现人文底蕴、科学精神、学习能力、健康生活、责任担当、实践创新等六大方面的核心素养。

1. 专业能力评价

该评价主要通过计算机评价与人工评价相结合的方式进行，具体评价标准如表7-2所示。

表7-2　学业评价标准

序　号	作业程序	作业内容	配　分	评分标准	评分方式
1	确认火灾报警	综合监控系统发出火灾报警信息。 1. 值班员作业：点击"综合监控系统—火灾报警—站台报警—公共区"查看报警烟感位置。	11	1. 未点击查看"火灾报警"界面，扣3分。	计算机自动评分
		2. 值班员鼠标指：报警的烟感设备。		2. 未鼠标指或鼠标指位置错误，扣0.5分。	人工评分
		3. 值班员口呼：站台A端火灾报警。		3. 未口呼或口呼错误，扣0.5分。	计算机自动评分
		4. 值班员对讲机向值班站长汇报：值班站长，站台A端火灾报警，请立即确认。		4. 报警开始15秒内未通知值班站长现场确认，扣2.5分。	计算机自动评分
		5. 值班站长回复：站台A端火灾报警，立即确认，值班站长明白。		5. 未回复或回复错误，扣0.5分。	人工评分
		6. 值班员作业：操作综合监控系统—视频监控系统查看火情。		6. 未查看火情，扣3分。	计算机自动评分
		7. 值班员手指：站台A端扶梯。		7. 未手指或手指位置错误，扣0.5分。	人工评分
		8. 值班员口呼：站台A端扶梯着火。		8. 未口呼或口呼错误，扣0.5分。	计算机自动评分
2	组织灭火	1. 值班员对讲机通知：站厅站务员、安检员、保洁员立即到站台A端灭火。	4	1. 未通知站厅人员灭火或通知错误，扣3.5分。	计算机自动评分
		2. 站务员回复：收到。		2. 未回复或回复错误，扣0.5分。	人工评分
3	确认火灾模式启动	1. 值班员作业：点击"综合监控系统—机电—模式"查看环控系统站台火灾模式联动执行成功。	5	1. 未点击查看"环控系统"界面确认，扣4分。	计算机自动评分
		2 值班员鼠标指：站台公共区火灾模式。		2. 未鼠标指或鼠标指位置错误，扣0.5分。	人工评分

序　号	作业程序	作业内容	配　分	评分标准	评分方式
3	确认火灾模式启动	3. 值班员口呼:站台火灾模式执行成功。	5	3. 未口呼或口呼错误,扣0.5分。	计算机自动评分
4	汇报火灾情况	1. 接通电话:值班员点击"环调"按钮,接通电话。 2. 值班员向环调汇报:环调,会展中心站站台A端扶梯着火,正组织灭火,环控火灾模式已启动。	26	1. 未接通电话进行汇报或汇报错误,扣3.5分。	计算机自动评分
		3. 环调复诵(机器人自动复诵)。		/	/
		4. 结束通话:挂断电话。		2. 未挂断电话,扣0.5分。	计算机自动评分
		5. 接通电话:值班员点击"行调"按钮,接通电话。 6. 值班员向行调汇报:行调,会展中心站站台A端扶梯着火,正组织灭火,申请上下行列车不停站通过。		3. 未接通电话进行汇报或汇报错误,扣2.5分。	计算机自动评分
		7. 行调复诵:会展中心站站台A端扶梯着火,正组织灭火,申请上下行列车不停站通过,行调明白。		4. 行调未复诵或复诵错误,扣1分。	计算机自动评分
		8. 结束通话:挂断电话。		5. 未挂断电话,扣0.5分。	计算机自动评分
		9. 行调设置会展中心站上下行站台跳停。		6. 行调未设置上行跳停,扣3分;未设置下行跳停,扣3分。	计算机自动评分
		10. 接通电话:值班员点击"其他"按钮,接通电话。 11. 值班员向119汇报:119,地铁会展中心站站台发生电气火灾,请支援灭火。		7. 未接通电话进行汇报或汇报错误,扣3.5分。	计算机自动评分
		12. 119回复:收到(机器人自动回复)。		/	/
		13. 结束通话:挂断电话。		8. 未挂断电话,扣0.5分。	计算机自动评分
		14. 接通电话:值班员点击"其他"按钮,接通电话。 15. 值班员向公安110汇报:派出所,地铁会展中心站站台发生电气火灾,请协助处置。		9. 未接通电话进行汇报或汇报错误,扣3.5分。	计算机自动评分

序　号	作业程序	作业内容	配　分	评分标准	评分方式
4	汇报火灾情况	16. 110回复：收到（机器人自动回复）。	26	/	/
		17. 结束通话：挂断电话。		10. 未挂断电话，扣0.5分。	计算机自动评分
		18. 接通电话：值班员点击"其他"按钮，接通电话。 19. 值班员向120汇报：120，地铁会展中心站站台发生火灾，请支援。		11. 未接通电话进行汇报或汇报错误，扣3.5分。	计算机自动评分
		20. 120回复：收到（机器人自动回复）。		/	/
		21. 结束通话：挂断电话。		12. 未挂断电话，扣0.5分。	计算机自动评分
5	组织疏散	1. 值班员询问现场：值班站长，火灾是否可以扑灭？	25	1. 未询问或询问语句错误，扣0.5分。	计算机自动评分
		2. 值班站长回复：控制室，火灾无法扑灭，立即组织全站疏散。		2. 未回复或回复错误，扣0.5分。	人工评分
		3. 值班员复诵：火灾无法扑灭，立即组织全站疏散。		3. 未复诵或复诵错误，扣0.5分。	计算机自动评分
		4. 值班员确认广播：通过"综合监控系统"及耳听，确认"火灾紧急疏散广播"是否循环播放。		/	/
		5. 值班员口呼：疏散广播未联动播放。		4. 未口呼或口呼错误，扣0.5分。	计算机自动评分
		6. 值班员人工双语广播（各一次）：各位乘客请注意，由于车站出现紧急情况，请保持镇静，听从车站人员指引，迅速离开本站。 Dear passengers, due to the emergency, please stay calm and follow the guidance of our staff to leave the station quickly.		5. 未人工广播或中文广播词语错误或英文广播词语错误，扣5分。	人工评分
		7. 值班员确认闸机：通过视频监控系统确认闸机已处于全开状态。（闸机未能联动打开）		6. 未通过视频监控系统确认闸机全开，扣3分。	计算机自动评分
		8. 值班员手指眼看：闸机。		7. 未手指或手指位置错误，扣0.5分。	人工评分
		9. 值班员口呼：闸机未能联动打开。		8. 未口呼或口呼错误，扣0.5分。	计算机自动评分
		10. 值班员作业：在IBP盘操作闸机紧急释放。		9. 未通过IBP盘操作闸机释放，扣5分。	计算机自动评分
		11. 值班员手指眼看：闸机。		10. 未手指或手指位置错误，扣0.5分。	人工评分

序　号	作业程序	作业内容	配　分	评分标准	评分方式
5	组织疏散	12. 值班员口呼:闸机已全开。	25	11. 未口呼或口呼错误,扣0.5分。	计算机自动评分
		13. 值班员确认门禁:通过IBP盘确认门禁已联动全开。		12. 未通过IBP盘确认门禁,扣3分。	人工评分
		14. 值班员手指:门禁指示灯。		13. 未手指或手指位置错误,扣0.5分。	人工评分
		15. 值班员口呼:门禁已全开。		14. 未口呼或口呼错误,扣0.5分。	计算机自动评分
		16. 值班员确认电梯:通过综合监控系统—机电—电扶梯确认扶梯全停,直梯已停在站厅层处于停用且开门状态(停用状态)。		15. 未通过综合监控系统确认扶梯、直梯停梯正确,扣3分。	计算机自动评分
		17. 值班员手指:综合监控—机电—电扶梯界面中的扶梯、直梯。		16. 未手指或手指位置错误,扣0.5分。	人工评分
		18. 值班员口呼:扶梯、直梯已停梯。		17. 未口呼或口呼错误,扣0.5分。	计算机自动评分
6	汇报疏散情况	1. 接通电话:值班员点击"行调"按钮,接通电话。 2. 值班员向行调汇报:会展中心站站台火灾无法扑灭,现组织全站疏散,申请关闭本站,列车不经过本站站台。	19	1. 未接通电话进行汇报或汇报错误,扣3.5分。	计算机自动评分
		3. 行调复诵:会展中心站站台火灾无法扑灭,现组织全站疏散,申请关闭本站,列车不经过本站站台,行调明白。		2. 未复诵或复诵错误,扣1分。	计算机自动评分
		4. 值班员结束通话:挂断电话。		3. 未挂断电话,扣0.5分。	计算机自动评分
		5. 行调设置世纪大道站下行站台扣车。		4. 行调未设置世纪大道站下行站台扣车,扣2分。	计算机自动评分
		6. 值班员作业:确认上下行区间或站台均无列车时,在IBP盘操作打开上行站台门排烟。		5. 未通过IBP盘操作打开上行站台门,或者在上下行区间或站台有车时操作打开站台门,扣3分。	计算机自动评分
		7. 值班员确认站台门:通过视频监控系统确认对应侧站台门已打开。		6. 未通过视频监控系统确认站台门全开,扣3分。	计算机自动评分
		8. 值班员手指眼看:视频监控系统中的站台门。		7. 未手指或手指位置错误,扣0.5分。	人工评分
		9. 值班员口呼:上行站台门已打开。		8. 未口呼或口呼错误,扣0.5分。	计算机自动评分
		10. 值班员确认隧道排烟:通过综合监控系统确认隧道排烟启动正确。		9. 未通过综合监控系统确认隧道排烟正确,扣4分。	计算机自动评分

序 号	作业程序	作业内容	配 分	评分标准	评分方式
6	汇报疏散情况	11. 值班员手指:隧道排烟设备。	19	10. 未手指或手指位置错误,扣0.5分。	人工评分
		12. 值班员口呼:隧道排烟模式启动正确。		11. 未口呼或口呼错误,扣0.5分。	计算机自动评分
		13. 疏散完毕(系统给出提示)。		/	/
7	本岗位疏散	1. 接通电话:值班员点击"行调"按钮,接通电话。 2. 值班员向行调汇报:会展中心站已疏散完毕,119、120、公安已到站,现场移交119处置。	10	1. 未接通电话进行汇报或汇报错误,扣3分。	计算机自动评分
		3. 行调复诵:会展中心站已疏散完毕,119、120、公安已到站,现场移交119处置,行调明白。		2. 未复诵或复诵错误,扣0.5分。	计算机自动评分
		4. 结束通话:挂断电话。		3. 未挂断电话,扣0.5分。	计算机自动评分
		5. 值班员穿好消防战斗服。		4. 消防战斗服2分钟内穿戴完好为满分(满分6分),超过2分钟扣3分。 消防战斗服穿戴要求:衣服和裤子拉链拉至顶部,魔术贴贴紧,裤子吊带套上,穿好消防靴,戴上消防头盔,戴好高温手套。未完成每项扣3分,最多扣6分。	人工评分
合计			100	/	

2. 职业能力评价

职业能力评价主要包含职业信念与职业行为习惯的评价,要培养良好的职业素养,职业能力评价是促进职业信念提升、职业行为习惯养成的一个重要手段。职业能力评价标准见本书附录1。

任务2　站厅火灾应急处置

任务场景

车站综合监控系统(模拟器)显示站厅A端2个烟感报警。

任务要求

观察到火灾报警时能及时做出反应,熟练进行火灾应急处置操作。

知识储备

1. 灭火器选择

灭火器担负的任务是扑救初起火灾。一具质量合格的灭火器,如果使用得当,扑救及时,可将一切损火巨大的火灾扑灭在萌芽状态。因此,灭火器的作用是非常重要的。

地铁车站中常用的灭火器有干粉灭火器、二氧化碳灭火器、泡沫灭火器和清水灭火器等。

(1)干粉灭火器。干粉灭火器药剂的主要成分是碳酸氢钠,即小苏打和磷酸氢二铵。适用于扑救各种易燃、可燃液体和易燃、可燃气体火灾,以及带电设备的初起火灾(ABC类火灾)。

(2)二氧化碳灭火器。二氧化碳手提式灭火器结构简单、操作灵活、使用方便,具有灭火速度快、效率高、可连续或间歇喷射等优点。适用于扑救油类、易燃液体、固体有机物、气体和车站设备区内的带电设备以及精密电气设备的初期起火。

(3)泡沫灭火器主要适用于扑救各种油类火灾以及木材、纤维、橡胶等固体可燃物火灾。

(4)清水灭火器采用清水作为灭火药剂,加入一定量的添加剂,可扑灭纸张、木材、纺织品等引起的A类火灾。

2. 双语广播

各位乘客请注意,由于车站出现紧急情况,请保持镇静,听从车站人员指引,迅速离开本站。

Dear passengers, due to the emergency, please stay calm and follow the guidance of our staff to leave the station quickly.

任务实施

本任务涉及的岗位有：行车调度员、值班站长、行车值班员、环调等。任务实施流程如表7-3所示。

表7-3　站厅A端火灾应急处置流程

序　号	作业程序	作业内容
1	确认火灾报警	综合监控系统发出火灾报警信息。 1. 值班员作业：点击"综合监控系统—火灾报警—站厅报警"查看报警烟感位置。
		2. 值班员鼠标指：报警的烟感设备。
		3. 值班员口呼：站厅A端火灾报警。
		4. 值班员对讲机向值班站长汇报：值班站长，站厅A端火灾报警，请立即确认。
		5. 值班站长回复：站厅A端火灾报警，立即确认，值班站长明白。
		6. 值班员作业：操作视频监控系统查看火情。
		7. 值班员手指：站厅A端商铺。
		8. 值班员口呼：站厅A端商铺着火。
2	组织灭火	1. 值班员对讲机通知站务员：站厅站务员、安检员、保洁员立即到A端灭火。
		2. 站务员回复：收到。
3	确认火灾模式启动	1. 值班员作业：点击"综合监控系统—机电—模式"，查看环控系统站厅火灾模式联动执行成功。
		2. 值班员鼠标指：站厅公共区火灾模式。
		3. 值班员口呼：站厅火灾模式执行成功。
4	汇报火灾情况	1. 接通电话：值班员点击"环调"按钮，接通电话。 2. 值班员向环调汇报：环调，会展中心站站厅A端商铺着火，正组织灭火，环控火灾模式已启动。
		3. 环调复诵（机器人自动复诵）。
		4. 结束通话：挂断电话。
		5. 接通电话：值班员点击"行调"按钮，接通电话。 6. 值班员向行调汇报：行调，会展中心站站厅A端商铺着火，正组织灭火，申请上下行列车不停站通过。
		7. 行调复诵：会展中心站站厅A端商铺着火，正组织灭火，申请上下行列车不停站通过，行调明白。

序 号	作业程序	作业内容
4	汇报火灾情况	8. 结束通话:挂断电话。
		9. 行调设置会展中心站上、下行站台跳停。
		10. 接通电话: 值班员点击"其他"按钮,接通电话。 11. 值班员向119汇报:119,地铁会展中心站站厅发生电气火灾,请支援灭火。
		12. 119回复:收到(机器人自动回复)。
		13. 结束通话:挂断电话。
		14. 接通电话:值班员点击"其他"按钮,接通电话。 15. 值班员报告公安110:派出所,地铁会展中心站站厅发生电气火灾,请协助处置。
		16. 110回复:收到(机器人自动回复)。
		17. 结束通话:挂断电话。
		18. 接通电话:值班员点击"其他"按钮,接通电话。 19. 值班员向120汇报:120,地铁会展中心站站厅发生火灾,请支援。
		20. 120回复:收到(机器人自动回复)。
		21. 结束通话:挂断电话。
5	组织疏散	1. 值班员询问现场:值班站长,火灾是否可以扑灭?
		2. 值班站长回复:控制室,火灾无法扑灭,立即组织全站疏散。
		3. 值班员复诵:火灾无法扑灭,立即组织全站疏散。
		4. 值班员确认广播:通过"综合监控系统"及耳听,确认"火灾紧急疏散广播"是否循环播放。
		5. 值班员口呼:疏散广播未联动播放。
		6. 值班员人工双语广播:各位乘客请注意,由于车站出现紧急情况,请保持镇静,听从车站人员指引,迅速离开本站。 Dear passengers,due to the emergency,please stay calm and follow the guidance of our staff to leave the station quickly.
		7. 值班员确认闸机:通过视频监控系统确认所有闸机联动全开。
		8. 值班员手指:闸机。
		9. 值班员口呼:闸机已全开。
		10. 值班员确认门禁:通过IBP盘确认门禁已联动全开。
		11. 值班员手指:门禁指示灯。

续表

序 号	作业程序	作业内容
5	组织疏散	12. 值班员口呼:门禁已全开。
		13. 值班员确认电梯:通过综合监控系统—机电—电扶梯确认扶梯全停,直梯已停在站厅层处于停用且开门状态(停用状态)。
		14. 值班员手指:综合监控系统—机电—电扶梯界面中的扶梯、直梯。
		15. 值班员口呼:扶梯、直梯已停梯。
6	汇报疏散情况	1. 接通电话:值班员点击"行调"按钮,接通电话。
		2. 值班员汇报行调:会展中心站站厅火灾无法扑灭,现组织全站疏散,申请关闭本站,列车不经过本站站台。
		3. 行调复诵:会展中心站站厅火灾无法扑灭,现组织全站疏散,申请关闭本站,列车不经过本站站台,行调明白。
		4. 结束通话:挂断电话。
		5. 行调设置世纪大道站下行站台扣车。
		6. 疏散完毕(系统给出提示)。
7	本岗位疏散	1. 接通电话:值班员点击"行调"按钮,接通电话。 2. 值班员向行调汇报:会展中心站已疏散完毕,119、120、公安已到站,现场移交119处置。
		3. 行调复诵:会展中心站已疏散完毕,119、120、公安已到站,现场移交119处置,行调明白。
		4. 结束通话:挂断电话。
		5. 值班员穿好消防战斗服。

核心素养评价

学生核心素养评价主要是针对行车调度员、行车值班员、站务员三个岗位的评价,而且评价必须体现人文底蕴、科学精神、学习能力、健康生活、责任担当、实践创新等六大方面的核心素养。

1. 专业能力评价

该评价主要通过计算机评价与人工评价相结合的方式进行,具体评价标准如表7-4所示。

表7-4 学业评价标准

序号	作业程序	作业内容	配分	评分标准	评分方式
1	确认火灾报警	综合监控系统发出火灾报警信息。 1. 值班员作业:点击"综合监控系统—火灾报警—站厅报警",查看报警烟感位置。	11	1. 未点击查看"火灾报警"界面,扣3分。	计算机自动评分
		2. 值班员鼠标指:报警的烟感设备。		2. 未鼠标指或鼠标指位置错误,扣0.5分。	人工评分
		3. 值班员口呼:站厅A端火灾报警。		3. 未口呼或口呼错误,扣0.5分。	计算机自动评分
		4. 值班员对讲机向值班站长汇报:值班站长,站厅A端火灾报警,请立即确认。		4. 报警开始15秒内未通知值班站长现场确认或通知错误,扣2.5分。	计算机自动评分
		5. 值班站长回复:站厅A端火灾报警,立即确认,值班站长明白。		5. 未回复或回复错误,扣0.5分。	人工评分
		6. 值班员作业:操作视频监控系统查看火情。		6. 未查看火情,扣3分。	计算机自动评分
		7. 值班员手指:站厅A端商铺。		7. 未手指或手指位置错误,扣0.5分。	人工评分
		8. 值班员口呼:站厅A端商铺着火。		8. 未口呼或口呼错误,扣0.5分。	计算机自动评分
2	组织灭火	1. 值班员对讲机通知站务员:站厅站务员、安检员、保洁员立即到A端灭火。	4	1. 未通知站厅人员灭火或通知错误,扣3.5分。	计算机自动评分
		2. 站务员回复:收到。		2. 未回复或回复错误,扣0.5分。	人工评分
3	确认火灾模式启动	1. 值班员作业:点击"综合监控系统—机电—模式",查看环控系统站厅火灾模式联动执行成功。	5	1. 未点击查看"环控系统"界面确认,扣4分。	计算机自动评分
		2. 值班员鼠标指:站厅公共区火灾模式。		2. 未鼠标指或鼠标指位置错误,扣0.5分。	人工评分
		3. 值班员口呼:站厅火灾模式执行成功。		3. 未口呼或口呼错误,扣0.5分。	计算机自动评分
4	汇报火灾情况	1. 接通电话:值班员点击"环调"按钮,接通电话。 2. 值班员向环调汇报:环调,会展中心站站厅A端商铺着火,正组织灭火,环控火灾模式已启动。	30	1. 未接通电话进行汇报或汇报错误,扣4.5分。	计算机自动评分
		3. 环调复诵(机器人自动复诵)。		/	/

序 号	作业程序	作业内容	配 分	评分标准	评分方式
4	汇报火灾情况	4. 结束通话:挂断电话。	30	2. 未挂断电话,扣0.5分。	计算机自动评分
		5. 接通电话:值班员点击"行调"按钮,接通电话。 6. 值班员向行调汇报:行调,会展中心站站厅A端商铺着火,正组织灭火,申请上下行列车不停站通过。		3. 未接通电话进行汇报或汇报错误,扣2.5分。	计算机自动评分
		7. 行调复诵:会展中心站站厅A端商铺着火,正组织灭火,申请上下行列车不停站通过,行调明白。		4. 行调未复诵或复诵错误,扣1分。	计算机自动评分
		8. 结束通话:挂断电话。		5. 未挂断电话,扣0.5分。	计算机自动评分
		9. 行调设置会展中心站上、下行站台跳停。		6. 行调上行未设置跳停,扣3分;下行未设置跳停,扣3分。	计算机自动评分
		10. 接通电话:值班员点击"其他"按钮,接通电话。 11. 值班员向119汇报:119,地铁会展中心站站厅发生电气火灾,请支援灭火。		7. 未接通电话进行汇报或汇报错误,扣4.5分。	计算机自动评分
		12. 119回复:收到(机器人自动回复)。		/	/
		13. 结束通话:挂断电话。		8. 未挂断电话,扣0.5分。	计算机自动评分
		14. 接通电话:值班员点击"其他"按钮,接通电话。 15. 值班员向公安110汇报:派出所,地铁会展中心站站厅发生电气火灾,请协助处置。		9. 未接通电话进行汇报或汇报错误,扣4.5分	计算机自动评分
		16. 110回复:收到(机器人自动回复)。		/	/
		17. 结束通话:挂断电话。		10. 未挂断电话,扣0.5分。	计算机自动评分
		18. 接通电话:值班员点击"其他"按钮,接通电话。 19. 值班员向120汇报:120,地铁会展中心站站厅发生火灾,请支援。		11. 未接通电话进行汇报或汇报错误,扣4.5分	计算机自动评分

序　号	作业程序	作业内容	配　分	评分标准	评分方式
4	汇报火灾情况	20. 120回复：收到（机器人自动回复）。	30	/	/
		21. 结束通话：挂断电话。		12. 未挂断电话，扣0.5分。	计算机自动评分
5	组织疏散	1. 值班员询问现场：值班站长，火灾是否可以扑灭？	34	1. 未询问或询问语句错误，扣1分。	计算机自动评分
		2. 值班站长回复：控制室，火灾无法扑灭，立即组织全站疏散。		2. 未回复或回复错误，扣0.5分。	人工评分
		3. 值班员复诵：火灾无法扑灭，立即组织全站疏散。		3. 未复诵或复诵错误，扣0.5分。	计算机自动评分
		4. 值班员确认广播：通过"综合监控系统"及耳听，确认"火灾紧急疏散广播"是否循环播放。		/	/
		5. 值班员口呼：疏散广播未联动播放。		4. 未口呼或口呼错误，扣1分。	计算机自动评分
		6. 值班员人工双语广播：各位乘客请注意，由于车站出现紧急情况，请保持镇静，听从车站人员指引，迅速离开本站。Dear passengers, due to the emergency, please stay calm and follow the guidance of our staff to leave the station quickly.		5. 未人工广播或中文广播词错误或英文广播词错误，扣7分。	人工评分
		7. 值班员确认闸机：通过视频监控系统确认所有闸机联动全开。		6. 未通过视频监控系统确认所有闸机全开，扣6分。	计算机自动评分
		8. 值班员手指：闸机。		7. 未手指或手指位置错误，扣1分。	人工评分
		9. 值班员口呼：闸机已全开。		8. 未口呼或口呼错误，扣1分。	计算机自动评分
		10. 值班员确认门禁：通过IBP盘确认门禁已联动全开。		9. 未通过IBP盘确认门禁，扣6分。	人工评分
		11. 值班员手指：门禁指示灯。		10. 未手指或手指位置错误，扣1分。	人工评分
		12. 值班员口呼：门禁已全开。		11. 未口呼或口呼错误，扣1分。	计算机自动评分

序　号	作业程序	作业内容	配　分	评分标准	评分方式
5	组织疏散	13. 值班员确认电梯:通过综合监控系统—机电—电扶梯确认扶梯全停,直梯已停在站厅层处于停用且开门状态(停用状态)。	34	12. 未通过综合监控系统确认扶梯、直梯停梯正确,扣6分。	计算机自动评分
		14. 值班员手指:综合监控系统—机电—电扶梯界面中的扶梯、直梯。		13. 未手指或手指位置错误,扣1分。	人工评分
		15. 值班员口呼:扶梯、直梯已停梯。		14. 未口呼或口呼错误,扣1分。	计算机自动评分
6	汇报疏散情况	1. 接通电话:值班员点击"行调"按钮,接通电话。	6	1. 未接通电话进行汇报或汇报错误,扣2分。	计算机自动评分
		2. 值班员向行调汇报:会展中心站站厅火灾无法扑灭,现组织全站疏散,申请关闭本站,列车不经过本站站台。			
		3. 行调复诵:会展中心站站厅火灾无法扑灭,现组织全站疏散,申请关闭本站,列车不经过本站站台,行调明白。		2. 行调未复诵或复诵错误,扣1分。	计算机自动评分
		4. 结束通话:挂断电话。		3. 未挂断电话,扣0.5分。	计算机自动评分
		5. 行调设置世纪大道站下行站台扣车。		4. 行调未设置世纪大道站下行站台扣车,扣2.5分。	计算机自动评分
		6. 疏散完毕(系统给出提示)。		/	/
7	本岗位疏散	1. 接通电话:值班员点击"行调"按钮,接通电话。2. 值班员向行调汇报:会展中心站已疏散完毕,119、120、公安已到站,现场移交119处置。	10	1. 未接通电话进行汇报或汇报错误,扣3分。	计算机自动评分
		3. 行调复诵:会展中心站已疏散完毕,119、120、公安已到站,现场移交119处置,行调明白。		2. 行调未复诵或复诵错误,扣0.5分。	计算机自动评分
		4. 结束通话:挂断电话。		3. 未挂断电话,扣0.5分。	计算机自动评分

序　号	作业程序	作业内容	配　分	评分标准	评分方式
7	本岗位疏散	5. 值班员穿好消防战斗服。	10	4. 消防战斗服2分钟内穿戴完好为满分(满分6分),超过2分钟扣3分。 消防战斗服穿戴要求:衣服和裤子拉链拉至顶部,魔术贴贴紧,裤子吊带套上,穿好消防靴,戴上消防头盔,戴好高温手套。未完成每项扣3分,最多扣6分。	人工评分
合计			100	/	

2. 职业能力评价

职业能力评价主要包含职业信念与职业行为习惯的评价,要培养良好的职业素养,职业能力评价是促进职业信念提升、职业行为习惯养成的一个重要手段。职业能力评价标准见本书附录1。

项目八　站台门故障处置

➤ 项目描述

屏蔽门（Platform Screen Doors，简称 PSD）系统主要是为站台与轨道提供一个隔断的屏蔽，以保证旅客乘车安全，是现代化轨道交通工程的必备设施。地铁屏蔽门的安装能为乘客营造一个安全、舒适的候车环境。

屏蔽门系统最早又叫作站台门，设置于轨道交通站台边缘，主要是出于安全方面考虑，将轨道区与站台候车区隔离开来，在列车到达和出发时可自动开启和关闭，可以防止乘客跌落轨道而发生危险，确保乘客乘车安全。

在地铁系统运行过程中，如果发生站台门不能正常开启、关闭故障，站务员应该如何进行应急处置，以保障列车正常运行？通过本项目的学习，我们将掌握这项技能。

➤ 学习目标

知识目标：

1. 了解并掌握屏蔽门系统的功能、类型。

2. 掌握屏蔽门系统的组成及作用。

3. 掌握屏蔽门系统的运行模式。

能力目标：

1. 具备单个站台门不能关闭、两个站台门不能关闭故障的应急处置能力。

2. 具备单个站台门不能开启、单侧站台门不能开启故障的应急处置能力。

素质目标：

1. 通过岗位实践，培养学生科学严谨、规范操作的工作态度以及独立思考的能力。

2. 通过岗位实践，培养学生吃苦耐劳的工作作风，树立安全第一的服务意识。

3. 培养学生团结协作的集体观念和勇于开拓的创新意识。

任务1　单个站台门不能关闭

任务场景

列车关门作业时,突发单个站台门不能正常关闭故障。

任务要求

熟练掌握单个站台门不能关闭的应急操作,同时要求计算机评分满分。

知识储备

1. 屏蔽门系统

屏蔽门系统简称PSDS,设置在车站每侧站台边缘,由与列车车门对应的滑动门(ASD)、应急门(PED)、固定门(FD)和端门(MSI)组成。屏蔽门是新型的城市轨道交通设备,当列车到达车站和离站出发前,该设备能自动进行活动门的开、关控制。

2. 屏蔽门的功能

(1)提高候车安全性。

第一,防止乘客因车站客流拥挤或其他原因跌落轨道。

第二,避免乘客被列车活塞风吹吸的潜在危险。

第三,避免无关的工作人员进入隧道。

(2)改善站台环境。

使站台区域更加舒适、美观,隔音隔热效果好。

(3)节约运营成本。

第一,节省车站的空调负荷,一定程度上降低能耗。

第二,减少站台边缘区域站务人员的数量。

任务实施

本任务涉及的岗位有:行车值班员、站务员。任务实施流程如表8-1所示。

表 8-1 单个站台门不能关闭的处置操作流程

序 号	作业程序	作业内容
1	确认现场情况并汇报	1. 站务员观察到存在不正常的站台门门灯显示,同时报车控室:上行 1—2 站台门无法关闭。
		2. 车控室值班员回复:收到。
		3. 站务员观察站台门是否存在异物等情况。如有异物,则将异物清除。站务员口呼:无/有异物。
2	现场处置	1. 站务员旁路故障门:将 LCB 打至手动关位。
		2. 站务员确认故障门关闭。口呼:1—2 站台门关闭。

核心素养评价

学生核心素养评价主要是针对行车调度员、行车值班员、站务员三个岗位的评价,而且评价必须体现人文底蕴、科学精神、学习能力、健康生活、责任担当、实践创新等六大方面的核心素养。

1. 专业能力评价

该评价主要通过计算机评价与人工评价相结合的方式进行,具体评价标准如表 8-2 所示。

表 8-2 学业评价标准

序 号	作业程序	作业内容	配 分	评分标准	评分方式
1	确认现场情况并汇报	1. 站务员观察到存在不正常的站台门门灯显示,同时报车控室:上行 1—2 站台门无法关闭。	20	1. 未汇报或汇报错误,扣 9 分。	人工评分
		2. 车控室值班员回复:收到。		2. 未回复,扣 1 分。	人工评分
		3. 站务员观察站台门是否存在异物等情况。如有异物,则将异物清除。站务员口呼:无/有异物。		3. 未口呼或口呼错误,扣 10 分。	人工评分
2	现场处置	1. 站务员旁路故障门:将 LCB 打至手动关位。	80	1. 未将故障门旁路,扣 70 分。	计算机自动评分
		2. 站务员确认故障门关闭。口呼:1—2 站台门关闭。		2. 未口呼或口呼错误,扣 10 分。	人工评分
合计			100	/	

2. 职业能力评价

职业能力评价主要包含职业信念与职业行为习惯的评价,要培养良好的职业素养,职业能力评价是促进职业信念提升、职业行为习惯养成的一个重要手段。职业能力评价标准见本书附录1。

任务2 两个站台门不能关闭

任务场景

列车关门作业时,突发两个站台门不能正常关闭故障。

任务要求

熟练掌握两个站台门不能关闭的应急操作,同时要求计算机评分满分。

知识储备

屏蔽门(见图8-1)根据封闭形式可分为全高封闭式屏蔽门和半高敞开式安全门。

(1)全高封闭式屏蔽门,是一道自上而下的玻璃隔离墙和滑动门,全高3米以上;沿站台边缘和两端头设置,目的是隔离乘客候车区与列车进站停靠区。全高封闭式屏蔽门的作用主要是增加安全性、节约能源、加强环保。

图8-1 屏蔽门示意图

(2)半高敞开式安全门(见图8-2),是一道上不封顶的玻璃隔墙和滑动门,全高1.2—1.5米,主要起到安全隔离作用。

图8-2　安全门示意图

任务实施

本任务涉及的岗位有:行车值班员、站务员。任务实施流程如表8-3所示。

表8-3　两个站台门不能关闭的处置操作流程

序　号	作业程序	作业内容
1	确认现场情况并汇报	1. 站务员观察到存在不正常的站台门门灯显示,同时报车控室值班员:上行1—2、1—3站台门无法关闭。
		2. 车控室值班员回复:收到。
		3. 站务员观察站台门是否存在异物等情况。如有异物,则将异物清除。站务员口呼:无/有异物。
2	现场处置	站务员互锁解除发车: (1)将上行PSL钥匙开关旋转至互锁解除位,并保持互锁解除位; (2)列车出清后,值班员通知:上行可以停止互锁解除; (3)松开上行互锁解除钥匙开关。

核心素养评价

学生核心素养评价主要是针对行车调度员、行车值班员、站务员三个岗位的评价,而且评价必须体现人文底蕴、科学精神、学习能力、健康生活、责任担当、实践创新等六大方面的核心素养。

1. 专业能力评价

本任务学生专业能力评价主要通过计算机评价与人工评价相结合的方式进行,具体评价标准如表8-4所示。

表8-4　学业评价标准

序　号	作业程序	作业内容	配　分	评分标准	评分方式
1	确认现场情况并汇报	1. 站务员观察到存在不正常的站台门门灯显示,同时报车控室值班员:上行1—2、1—3站台门无法关闭。	20	1. 站务员未汇报或汇报错误,扣9分。	人工评分
		2. 车控室值班员回复:收到。		2. 值班员未回复,扣1分。	人工评分
		3. 站务员观察站台门是否存在异物等情况。如有异物,则将异物清除。站务员口呼:无/有异物。		3. 站务员未口呼或口呼错误,扣10分。	人工评分
2	现场处置	站务员互锁解除发车: (1)将上行 PSL 钥匙开关旋转至互锁解除位,并保持互锁解除位; (2)列车出清后,值班员通知:上行可以停止互锁解除; (3)松开上行互锁解除钥匙开关。	80	1. 未执行互锁解除或者因松开互锁解除钥匙开关导致列车紧急停车,扣75分。 2. 值班员未通知或通知错误,扣5分。	计算机自动评分
合计			100	/	

2. 职业能力评价

职业能力评价主要包含职业信念与职业行为习惯的评价,要培养良好的职业素养,职业能力评价是促进职业信念提升、职业行为习惯养成的一个重要手段。职业能力评价标准见本书附录1。

任务3　单个站台门不能开启

任务场景

列车开门作业时,突发单个站台门不能正常开启故障。

任务要求

熟练掌握单个站台门不能开启的应急操作,同时要求计算机评分满分。

知识储备

屏蔽门系统是由门体结构和门机结构组成的。门体结构包括固定门、活动门、应急门、端门。

(1)固定门。固定门设置在两扇门之间,结合规定条件进行设置。

(2)活动门。活动门分为标准双扇活动门和非标准双扇活动门。非标准双扇活动门一般设置在靠近列车驾驶室相应位置的屏蔽门。

(3)应急门。应急门不带动力,在紧急情况下由乘客在轨道侧手动打开逃生。

正常情况下,列车进站停稳后,会停靠在允许的误差范围位置内,这时屏蔽门的活动门与列车门的位置都将一一对应;否则列车门将全部与活动门错开,而对着无法打开的固定门或隧道区间,此时若再遇到紧急情况,便无法打开车门疏散列车上的乘客。为此,部分固定门被设计为可以向站台侧打开的应急门。

该应急门平常当作固定门使用,一旦列车发生火灾、爆炸等情况需要由应急门进行紧急疏散,可由乘客在轨道侧打开列车门后推动应急门的解锁装置,或由站务员在站台侧用专用钥匙打开应急门。

(4)端门。端门设置在站台两侧,可由列车驾驶员或站务员手动打开,紧急情况下可用作乘客疏散通道。

任务实施

本任务涉及的岗位有:行车值班员、站务员。任务实施流程如表8-5所示。

表8-5 单个站台门不能开启的处置操作流程

序 号	作业程序	作业内容
1	确认现场情况并汇报	1. 站务员观察到存在不正常的站台门门灯显示,同时报车控室值班员:上行1—3站台门无法开启。
		2. 车控室值班员回复:收到。
2	现场处置	1. 站务员旁路故障门:将LCB打至手动开位。
		2. 停站时间到,车门关闭,将LCB打至手动关位。

核心素养评价

学生核心素养评价主要是针对行车调度员、行车值班员、站务员三个岗位的评价,而且评价必须体现人文底蕴、科学精神、学习能力、健康生活、责任担当、实践创新等六大方面的核心素养。

1. 专业能力评价

该评价主要通过计算机评价与人工评价相结合的方式进行,具体评价标准如表8-6所示。

表8-6 学业评价标准

序 号	作业程序	作业内容	配 分	评分标准	评分方式
1	确认现场情况并汇报	1. 站务员观察到存在不正常的站台门门灯显示,同时报车控室值班员:上行1—3站台门无法开启。	10	1. 未接通对讲机进行汇报或汇报错误,扣9分。	人工评分
		2. 车控室值班员回复:收到。		2. 未回复,扣1分。	人工评分
2	现场处置	1. 站务员旁路故障门:将LCB打至手动开位。	90	1. 车门开启后,10秒内未打至手动开位,扣45分。	计算机自动评分
		2. 停站时间到,车门关闭,将LCB打至手动关位。		2. 车门关闭后,10秒内未打至手动关位,扣45分。	计算机自动评分
合计			100	/	

2. 职业能力评价

职业能力评价主要包含职业信念与职业行为习惯的评价,要培养良好的职业素养,职业能力评价是促进职业信念提升、职业行为习惯养成的一个重要手段。职业能力评价标准见本书附录1。

任务4 单侧站台门不能开启

任务场景

列车开门作业时,突发单侧站台门不能正常开启故障。

任务要求

熟练掌握单侧站台门不能开启的应急操作,同时要求计算机评分满分。

知识储备

屏蔽门系统的运行模式包括正常运行模式、非正常运行模式和紧急运行模式。

(1)正常运行模式(系统级控制)。

在系统正常运行模式下,列车正确停站时,屏蔽门/安全门系统接受信号系统(ATC)指令控制活动门的开和关。

当列车停站时,信号系统在收到司机打开列车车门指令后,自动执行解锁、开门等顺序操作。

当列车准备发车时,信号系统在收到司机关闭列车车门指令后,自动执行关门、闭锁等顺序操作。在所有屏蔽门/安全门关闭后,屏蔽门/安全门控制器向信号系统发出所有屏蔽门/安全门关闭并锁闭的信号,允许列车离站。司机确认所有列车车门和屏蔽门/安全门关闭完好、无夹人夹物后,方可发车离站。

(2)非正常运行模式(站台级控制)。

当系统不能正常运行时,如列车停位不正确、信号系统发生故障、信号系统与屏蔽门/安全门系统通信中断、屏蔽门/安全门系统发生局部故障等非正常情况下,由站务员或司机通过站台端头控制盒(PSL)进行屏蔽门/安全门的开、关操作。

①开门操作。

先打开PSL上的钥匙开关,然后操作PSL的开门按钮,发出开门指令,屏蔽门/安全门控制器接收到开门指令后,执行解锁、开门等顺序操作。PSL就地控制盘,如图8-3所示。

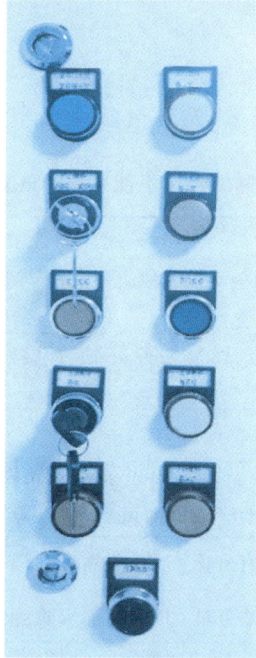

图8-3 PSL就地控制盘

②关门操作。

操作PSL的关门按钮,发出关门指令,屏蔽门/安全门控制器接收到关门指令后,执行关门、闭锁等顺序操作。在所有屏蔽门/安全门关闭后,PSL向信号系统发出所有屏蔽门/安全门关闭并锁闭的信号,允许列车离站。司机确认所有列车车门和屏蔽门/安全门关闭完好、无夹人夹物后,方可发车离站。

③屏蔽门/安全门关闭后无法发车。

当所有屏蔽门/安全门关闭,但信号系统仍然不能确认而无法发车时,应先打开PSL上的钥匙开关,然后操作PSL上的PSD互锁解除钥匙开关,发出强制发车信号,允许列车离站。司机确认所有列车车门和屏蔽门/安全门关闭完好、无夹人夹物后,方可发车离站。

(3)紧急运行模式。

当正常运行模式(系统级控制)、非正常运行模式(站台级控制)均不能操作屏蔽门/安全门时,在站台侧,由站务员用钥匙打开活动门;在轨道侧,由司机通过车内广播通知乘客使用PSD上的手动解锁把手自行开启屏蔽门/安全门。

在紧急情况下,如隧道内或者站台、站厅发生火灾等,可由车站值班员操作车控室内PSA控制按钮,或经授权后通过电话和广播通知站台站务员操作PSL对活动门进行开、关控制。

任务实施

本任务涉及的岗位有：行车值班员、站务员。任务实施流程如表8-7所示。

表8-7　单侧站台门不能开启的处置操作流程

序　号	作业程序	作业内容
1	确认现场情况并汇报	1. 站务员观察到存在1—2、1—3站台门未开启，同时报车控室值班员：上行整侧滑动门未开启。
		2. 车控室值班员回复站务员：上行整侧滑动门未开启，且PSL和IBP盘操作无效，请处置。
		3. 站务员回复：收到。
2	现场处置	1. 原则：一节车每隔一门旁路并手动开启一门（将LCB置于手动开位）。（注：考试中旁路并开启1—2门即可。）
		2. 站务员报告值班员：上行整侧滑动门处置完毕。
		3. 值班员通知站务员：上行列车未收到站台门关闭锁紧信息，请处置。
		4. 站务员回复：收到。
		5. 站务员互锁解除发车： （1）将PSL钥匙开关旋转至互锁解除位，并保持互锁解除位； （2）列车出清后，车控室值班员通知：上行可以停止互锁解除； （3）松开互锁解除钥匙开关。

核心素养评价

学生核心素养评价主要是针对行车调度员、行车值班员、站务员三个岗位的评价，而且评价必须体现人文底蕴、科学精神、学习能力、健康生活、责任担当、实践创新等六大方面的核心素养。

1. 专业能力评价

该评价主要通过计算机评价与人工评价相结合的方式进行，具体评价标准如表8-8所示。

表8-8　学业评价标准

序　号	作业程序	作业内容	配　分	评分标准	评分方式
1	确认现场情况并汇报	1. 站务员观察到存在1—2、1—3站台门未开启，同时报车控室值班员：上行整侧滑动门未开启。	15	1. 未汇报或汇报错误，扣10分。	人工评分
		2. 车控室值班员回复站务员：上行整侧滑动门未开启，且PSL和IBP盘操作无效，请处置。		2. 未回复或回复错误，扣3分。	人工评分

序 号	作业程序	作业内容	配 分	评分标准	评分方式
1	确认现场情况并汇报	3. 站务员回复:收到。	15	3. 未回复或回复错误,扣2分。	人工评分
2	现场处置	1. 原则:一节车每隔一门旁路并手动开启一门(将LCB置于手动开位)。(注:考试中旁路并开启1—2门即可。)	85	1. 未旁路并开启故障门,扣40分。	计算机自动评分
		2. 站务员报告值班员:上行整侧滑动门处置完毕。		2. 未汇报或汇报错误,扣2分。	人工评分
		3. 值班员通知站务员:上行列车未收到站台门关闭锁紧信息,请处置。		3. 未通知或通知错误,扣2分。	人工评分
		4. 站务员回复:收到。		4. 未回复或回复错误,扣1分。	人工评分
		5. 站务员互锁解除发车: (1)将PSL钥匙开关旋转至互锁解除位,并保持互锁解除位; (2)列车出清后,车控室值班员通知:上行可以停止互锁解除; (3)松开互锁解除钥匙开关。		5. 未执行互锁解除或者因松开互锁解除钥匙开关导致列车紧急停车,扣35分。 值班员未通知或通知错误,扣5分。	计算机自动评分
合 计			100	/	

2. 职业能力评价

职业能力评价主要包含职业信念与职业行为习惯的评价,要培养良好的职业素养,职业能力评价是促进职业信念提升、职业行为习惯养成的一个重要手段。职业能力评价标准见本书附录1。

项目九　电话闭塞法

➤ 项目描述

在轨道交通运营中,为保证列车运行安全,必须保证列车间以一定的安全间隔运行。为此,运营方要将线路划分为若干闭塞分区,以不同的信号表示该分区或前方分区是否被列车占用等状态,列车则根据信号显示运行。不论采取何种信号显示制式,列车间都必须有一定数量的空闲分区作为列车安全间隔。保证一个区间或闭塞分区在同一时间内只能运行一辆列车的设备称为闭塞设备。

闭塞技术分为固定闭塞、准移动闭塞和移动闭塞,其中移动闭塞是目前采用较多也较先进的闭塞技术。它通过车载设备和轨旁设备不间断的双向通信,控制中心可以根据列车实时的速度和位置动态计算列车的最大制动距离。列车的长度加上这一最大制动距离并在列车后方加上一定的防护距离,便组成了一个与列车同步移动的虚拟分区。由于保证了列车前后的安全距离,两个相邻的移动闭塞分区就能以很小的间隔同时前进,这使列车能以较高的速度和较小的间隔运行,从而提高运营效率。

电话闭塞法是指当基本闭塞设备发生故障不能使用时,由两站车站值班员利用站间闭塞电话,以电话记录的方式办理闭塞的方法,是一种代用闭塞法。一般而言,电话闭塞法由于没有机械、电气设备的控制,全凭制度和人为控制,安全性较差。

➤ 学习目标

知识目标:

1. 掌握电话闭塞法的使用时机。

2. 熟悉并掌握电话闭塞法的流程。

3. 掌握电话闭塞法的相关规定。

能力目标：

具备分岗位快速正确地采用电话闭塞法组织行车的能力。

素质目标：

1. 培养学生严谨细致、一丝不苟的职业素质，以及遵守安全操作规程与文明生产的品德，树立安全第一的服务意识。

2. 培养学生善于总结、力求上进的工作精神。

3. 培养学生吃苦耐劳、顾全大局、团结协作的工作态度。

任务　电话闭塞法

任务场景

因正线信号系统联锁功能发生故障,行调第一时间要求故障区域内各次列车停车待令,行调逐一与各列次司机共同确认故障区域内的列车位置,核对无误后,行调准备在上行线路会展中心站至世纪大道站区间启用电话闭塞法。

会展中心站和世纪大道站行值、站务员根据行调命令采用电话闭塞法组织列车运行。

任务要求

分小组分岗位熟练进行上行线路会展中心站至世纪大道站区间电话闭塞法行车组织。

知识储备

1. 电话闭塞法的定义

电话闭塞法是指当基本闭塞设备发生故障后,车站与车站(或车辆段)间通过电话联系,人工办理闭塞和解除闭塞都需要给出电话记录号码,行车凭证为路票,列车按站间间隔运行。

2. 电话闭塞法的使用时机

遇下列情况,应停止使用基本闭塞法,改用电话闭塞法。

(1)基本闭塞设备发生故障导致基本闭塞法不能使用、自动闭塞区间内两架及以上通过信号机发生故障或灯光熄灭时。

主要故障类型有:

①自闭区间内两架及以上通过信号机发生故障或灯光熄灭。

②半自动闭塞设备发生故障,由于不能形成半自动闭塞控制条件或不能开放出站信号机作为列车占用区间的行车凭证,因此应停止使用,改用电话闭塞法行车。

(2)无双向闭塞设备的双线区间反方向发车或改用单线行车时。

无双向闭塞设备的双线区间反方向发车时,由于无反方向闭塞设备,必须改用电话闭塞法行车。无双向闭塞设备的双线区间改用单线行车时,如果正方向采用基本闭塞法,反方向采用电话闭塞法,办理上容易混淆,极易发生错误。

(3)发出由区间返回的列车,或挂有由区间返回后部补机的列车时。

在列车到达前方站后,补机返回前,或者发出由区间返回的列车时,在列车返回前,车站从设备无法控制再向该区间放行列车,为防止人为失误造成严重后果,必须"停基改电"。

(4)自动站间闭塞、半自动闭塞区间,由未设出站信号机的线路上发车,或超长列车头部越过出站信号机并压上出站方向轨道电路发车时。

由未设出站信号机的线路上发车,或超长列车越过出站信号机压上出站方向轨道电路发车时,因无法取得占用区间的行车凭证,必须按电话闭塞法行车。

(5)在夜间或遇降雾、暴风雨雪等情况下,为消除线路故障或执行特殊任务,开行轻型车辆时。

轻型车辆装有绝缘车轴,不能通过轨道电路确定其位置,为确保安全,轻型车辆仅限昼间封锁施工作业时使用,此时不按列车办理;同样为确保安全,在夜间或遇降雾、暴风雨雪等天气不佳、瞭望条件不好的情况下,为消除线路故障或执行特殊任务须使用轻型车辆时,应按列车办理,此时应停止使用基本闭塞法,改按电话闭塞法行车。

3.电话闭塞法的行车凭证

使用电话闭塞法行车时,列车占用区间的行车凭证为路票(见图9-1)。

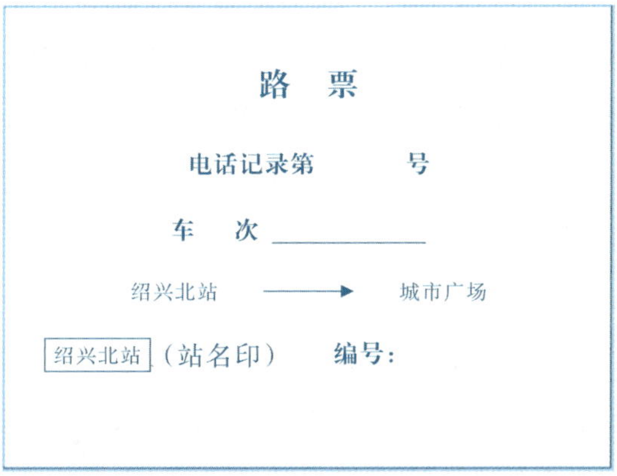

路　票

电话记录第　　　　号

车　次＿＿＿＿＿＿

绍兴北站　——→　城市广场

绍兴北站（站名印）　　编号:

图9-1　路票示意图

路票应由行车值班员或指定的助理值班员填写。

对于填写的路票,行车值班员应根据《行车日志》的记录,进行认真核对,确认无误并加盖站名印后,方可送交司机。

双线反方向行车使用路票时,应在路票上加盖"反方向行车"章;两线、多线区间使用路票时,应在路票上加盖"××线行车"章。

4. 电话闭塞法的基本流程

电话闭塞法的基本流程如图9-2所示。

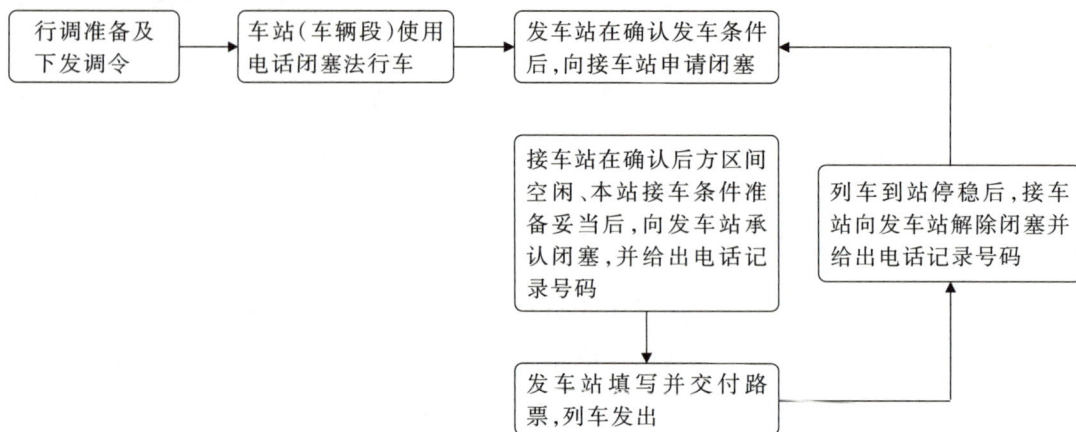

图9-2　电话闭塞法的基本流程

5. 电话闭塞法的有关规定

（1）单线、双线反方向运行的列车或双线正方向运行的第一列车，发车站须向接车站请求闭塞，在取得接车站承认、发车进路准备妥当后，方可填写路票；双线正方向发车时，根据收到的前次发出列车在到达站发出时间，请求下次列车闭塞，在取得接车站承认、发车进路准备妥当后，即可填发路票。

（2）路票需要在查明闭塞区间空闲，并取得接车站承认可填写，路票由行车值班员填写，经复查无误后方可递交司机。

（3）路票填写如有增添字句及涂改，均应作废，须重新填写。

（4）列车到达车站后，行车值班员应及时收回路票，并画"×"以示注销，整理后保存。

（5）路票填写的日期以接车站承认闭塞时间为准，零点前办理的闭塞，司机若在零点后收到路票，仍视为有效。

（6）电话记录号码的使用要求。电话记录以每站一组若干个号码，按日循环使用，由小到大，可以跳号使用。每个号码在一次循环中只准使用一次，号码一经发出无论生效与否，不得重复使用。相邻站不能使用相同的号码。

任务实施

本任务涉及的岗位有：发车站（会展中心站）行车值班员、站务员，接车站（世纪大道站）行车值班员、站务员、列车司机。任务实施流程如表9-1所示。

表 9-1　电话闭塞法

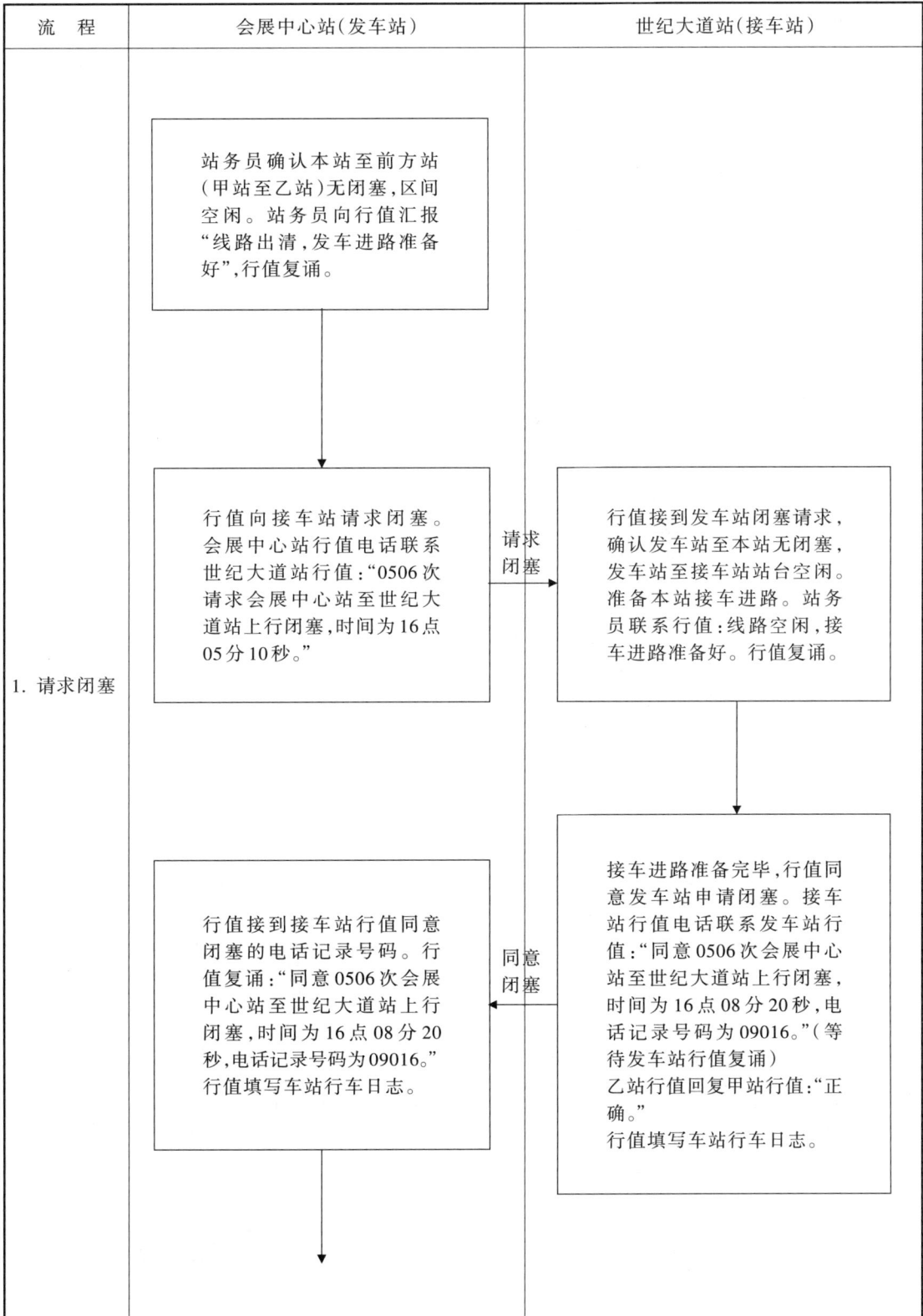

流　程	会展中心站（发车站）	世纪大道站（接车站）
1. 请求闭塞	站务员确认本站至前方站（甲站至乙站）无闭塞，区间空闲。站务员向行值汇报"线路出清，发车进路准备好"，行值复诵。 行值向接车站请求闭塞。会展中心站行值电话联系世纪大道站行值："0506次请求会展中心站至世纪大道站上行闭塞，时间为16点05分10秒。"　**请求闭塞→** 行值接到接车站行值同意闭塞的电话记录号码。行值复诵："同意0506次会展中心站至世纪大道站上行闭塞，时间为16点08分20秒，电话记录号码为09016。"行值填写车站行车日志。　**←同意闭塞**	行值接到发车站闭塞请求，确认发车站至本站无闭塞，发车站至接车站站台空闲。准备本站接车进路。站务员联系行值：线路空闲，接车进路准备好。行值复诵。 接车进路准备完毕，行值同意发车站申请闭塞。接车站行值电话联系发车站行值："同意0506次会展中心站至世纪大道站上行闭塞，时间为16点08分20秒，电话记录号码为09016。"（等待发车站行值复诵）乙站行值回复甲站行值："正确。"行值填写车站行车日志。

续表

流　程	会展中心站(发车站)	世纪大道站(接车站)
2．列车发车	行值准备本站发车进路，行值联系站务员："上行，电话记录号码09016，车次0506次，会展中心站至世纪大道站，值班员王某，2019年11月10日，加盖行车专用章。" 站务员填写路票，并复诵："上行，电话记录号码09016，车次0506次，会展中心站至世纪大道站，值班员王某，2019年11月10日，会展中心站行车专用章印有。"行值回复："正确。" 站务员向司机递交路票，站务员与司机确认路票正确："上行，电话记录号码09016，车次0506次，会展中心站至世纪大道站，值班员王某，2019年11月10日，有会展中心站行车专用章印。" 站务员显示手信号发车。 待列车整列出清站台，站务员汇报行值"0506次上行整列开出"。行值复诵："0506次上行整列开出。" 行值向接车站报列车发点，行值电话联系接车站行值："0506次16时12分20秒甲站上行开出。"(等待接车站行值复诵) 行值回复："正确。"并填写车站行车日志。	报列车发点 → 行值接听发车站行值报列车发点并复诵："0506次16时12分20秒会展中心站上行开出。" 行值填写车站行车日志。
3．列车接车和解除闭塞	行值接听接车站行值报列车到点并复诵："0506次16时18分10秒乙站上行到达。" 行值填写车站行车日志。 ← 报列车到点	行值联系站务员："准备上行接车。"站务员复诵："准备上行接车。"站务员在站台规定停车位置显示手信号接车。 列车整列到达停稳，站务员收回路票。站务员联系行值："0506次上行整列到达。"行值复诵："0506次上行整列到达。" 行值向发车站行值报列车到点："0506次16时18分10秒乙站上行到达。"(等待发车站行值复诵)行值复诵："正确。"行值填写车站行车日志。

核心素养评价

学生核心素养评价主要是针对行车调度员、行车值班员、站务员三个岗位的评价,而且评价必须体现人文底蕴、科学精神、学习能力、健康生活、责任担当、实践创新等六大方面的核心素养。

1. 专业能力评价

该评价主要通过人工评价的方式进行,具体评价标准如表9-2所示。

表9-2 学业评价标准

岗 位		配 分	评分标准	评分方式	扣 分
电话闭塞法	行车调度员	100	1. 口呼正确,如有错误,每处扣5分,共40分。 2. 确认车站行车日志正确,5分。 3. 填写车站行车日志正确,每次10分,共20分。 4. 填写路票正确,10分。 5. 路票交接正确,5分。 6. 报点清晰无误,20分。	人工评分	
	行车值班员	100	1. 口呼正确,如有错误,每处扣10分,共40分。 2. 道岔位置开通正确,20分。 3. 路票交接正确,10分。 4. 报点清晰无误,30分。	人工评分	
	站务员	100	1. 进路办理正确,50分。 2. 口呼正确,如有错误,每处扣10分,共50分。	人工评分	
总分					

2. 职业能力评价

职业能力评价主要包含职业信念与职业行为习惯的评价,要培养良好的职业素养,职业能力评价是促进职业信念提升、职业行为习惯养成的一个重要手段。职业能力评价标准见本书附录1。

附 录

附录1 职业能力自评和互评表

项　目	评价内容	自　评				互　评			
		优秀 1.0	良好 0.8	一般 0.5	较差 0.3	优秀 1.0	良好 0.8	一般 0.5	较差 0.3
安全责任意识（10分）	1. 树立"安全第一、预防为主"意识。 2. 熟悉岗位基本操作流程。 3. 遵守设备用电操作规程。 4. 正确使用工具。								
工作态度（10分）	1. 坚守岗位,不得擅离职守。 2. 在岗时期时刻保持警惕。 3. 严禁在岗位上使用手机、聊天、看报、吃零食点心等。 4. 不得做与工作无关的事。								
团队合作（10分）	1. 指导他人工作的能力。 2. 接受他人帮助的态度。								
仪容仪表（10分）	1. 按规定统一着装。 2. 衣装整洁,胸袋只用作装饰,不可放任何物品。 3. 服装不可缺扣、立领、挽袖挽裤。 4. 发型整齐利落。 5. 不留长指甲,不留胡子。 6. 女性以不化妆或淡妆为宜,不可浓妆。 7. 保持口腔清洁。								
7S情况（10分）	1. 工作场所物品摆放整洁有序。 2. 结束后卫生保洁工作。								
语言表达（10分）	1. 普通话标准。 2. 专业用语规范。 3. 语言表达流畅。								

项 目	评价内容	自 评			互 评		
仪态（10分）	1. 站姿、行姿、坐姿以及蹲姿要符合城市轨道交通服务人员的基本要求。 2. 面带微笑、精神饱满，避免打哈欠、伸懒腰、打喷嚏、挖耳朵等。 3. 不得出现脱鞋、吸烟、抖腿等不文明行为。						
学习能力 （10分）	1. 按时按要求保质保量完成工作。 2. 独立工作的能力。 3. 查阅相关专业知识能力。 4. 操作动手能力。 5. 计算能力。						
创新发展能力 （10分）	1. 实施反馈能力。 2. 持续改进能力。 3. 展示自我的能力。						
组织管理能力 （10分）	1. 专业技术管理能力。 2. 团队管理能力。						
小组评价合理化建议		综合等级		组长签名			
备注							

附录2 实训设备介绍

绍兴市中等专业学校城轨实训基地设备(见附图2-1)由郑州捷安高科股份有限公司提供,型号为JT-OM-TOCS。

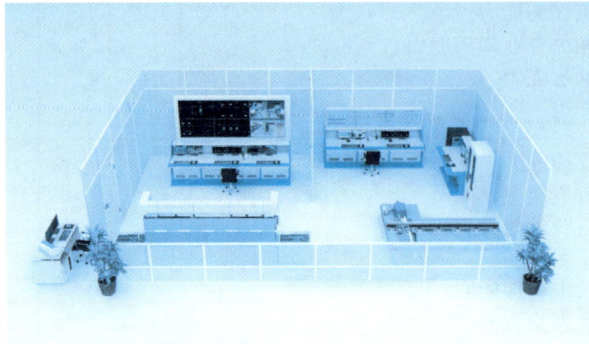

附图2-1 实训设备效果图

实训设备由车站控制室、道岔转辙机、安全门及调度台四部分组成。车站控制室按照真实车站控制室布局以及组成进行制作,能够满足值班员的考核操作需要;站台门区域包含站台门显示单元2对、站台门控制系统1套(包含PSL就地控制盘、LCB就地控制盒控制设备);道岔采用接触网供电模式下的ZD6转辙机、道岔进行比赛;调度台包含控制中心ATS工作站、中央ISCS工作站、电话、列车控制终端。

(1)车站控制室。车站控制室设备布局附图2-2所示,设备组成如附表2-1所示。

附图2-2 车站控制室布局图

附表2-1　车站控制室组成部分说明

序　号	组成部分	序　号	组成部分
1	IBP综合后备盘	5	本地ATS工作站
2	ISCS系统工作站1 广播话筒	6	机柜及服务器
3	电话	7	ISCS系统工作站2
4	对讲机	8	备品柜

（2）道岔和转辙机。道岔和转辙机设备如附图2-3所示,设备组成如附表2-2所示。

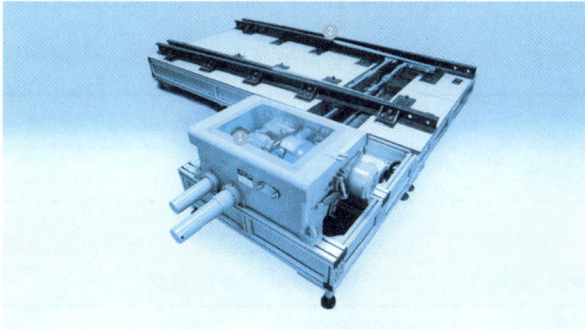

附图2-3　道岔和转辙机

附表2-2　道岔和转辙机组成部分说明

序　号	组成部分
1	ZD6型转辙机
2	道岔

（3）站台门。站台门设备如附图2-4—附图2-6所示,设备组成如附表2-3所示。

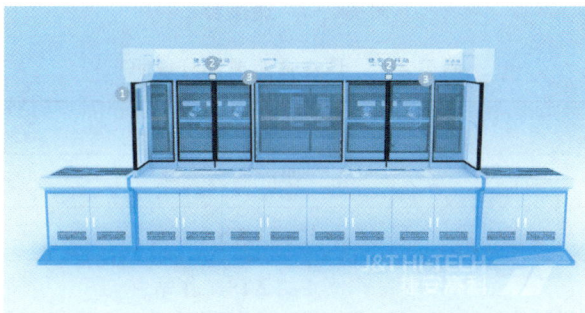

附图2-4　站台门

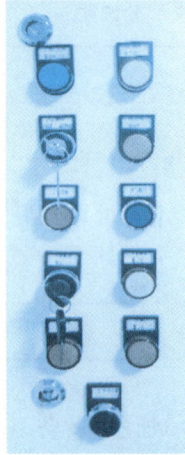

附图 2-5　PSL 就地控制盘　　　附图 2-6　LCB 就地控制盒

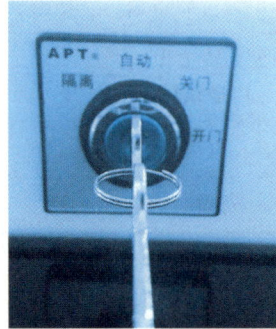

表3　站台门组成部分说明

序　号	组成部分
1	PSL 就地控制盘
2	门头灯
3	LCB 就地控制盒

（4）调度台。调度台设备如附图 2-7 所示,设备组成如附表 2-4 所示。

附图 2-7　调度台

附表 2-4　调度台组成部分说明

序　号	组成部分
1	调度监控大屏
2	中央 ISCS 工作站
3	中央 ATS 工作站
4	列车控制终端